Anekdoten über Oscar Wilde

Allem kann ich widerstehen, nur der Versuchung nicht

Anekdoten über **Oscar Wilde**

Gesammelt und aufgeschrieben
von Pierre Imhof

EULENSPIEGEL VERLAG

Alle Zitate aus dem Französischen und Englischen wurden vom Autor für diese Publikation neu übersetzt.

Kindlich feuriges Entzücken

Oscar Wilde und sein Liebhaber Reggie Turner unterhielten sich über ihre Kindheit. Wilde erzählte, wie er und sein Bruder Willie eines Abends in dem Haus am Merrion Square, das die Eltern 1855 erworben hatten, ein Bad nahmen. Die Wanne stand im Kinderzimmer, und die zwei kleinen Unterhemdchen hingen vor dem Kaminfeuer, um angewärmt zu werden. Als das Kindermädchen kurz aus dem Zimmer trat, bemerkten die zwei Knaben, wie an einem der Kleidungsstücke ein brauner Fleck erschien, aus dem plötzlich Flammen aufstiegen. Oscar applaudierte und planschte vor Freude und Enthusiasmus mit den Füßen im Wasser. Sein Bruder hingegen schrie und rief nach der Magd, die ins Zimmer rannte und das Hemd ins Feuer stieß. Oscar reagierte mit Wut und Geschrei, daß man ihm dieses Spektakel vermasselt hatte. »Dies«, sagte Wilde zu Turner, »war ein Beispiel vom Unterschied zwischen mir und Willie.«

Viktorianische Tischsitten

Oscar, sein älterer Bruder Willie und seine Schwester Isola, die jüngste der Geschwister, die schon als Zehnjährige umkommen sollte, durften während der Mahlzeiten mit den Eltern am selben Tisch sitzen. Die Wildes hatten oft Gäste, und die Tischgespräche waren höchst interessant. Wie es zu der Zeit in gutbürgerlichen viktorianischen Häusern üblich war, sollten die Kinder am Tische des von der Königin kürzlich in den Ritterstand beförderten Sir William

Robert Wilde gesehen, jedoch nicht gehört werden. Später würde Wilde behaupten, dieses Training im Mundhalten wäre der Grund dafür, daß er ihn jetzt um so öfter aufmache.

Der Ernst und die Bedeutung eines Namens

Als die Geschwister noch klein waren, wurden sie zu Hause unterrichtet. Obwohl die Eltern einen Privatlehrer angestellt hatten, beschäftigten sich sowohl Vater als auch Mutter, die ja beide ihre eigenen literarischen Erfolge erzielt hatten, intensiv mit der Erziehung ihrer Kinder. Als die beiden Knaben dem Kindesalter entwachsen waren, beschlossen Constanza Speranza und ihr Mann, sie in ein Internat zu schicken.

In Februar 1864 traten Willie und Oscar in die Portora Royal School in dem Städtchen Enniskillen im Nordwesten Irlands ein. In den letzten Jahren in diesem Internat zeigte Oscar erstmals seine außerordentlichen intellektuellen Fähigkeiten. Als er 1870 den Carpenter Preis für griechische Testamentkunde erhielt, wurde während der Preisübergabe sein Name von der Tribüne zitiert: Oscar Fingal O'Flahertie Wills Wilde, was seine Mitschüler, die die vollständige Reihe seiner Namen zum ersten Mal hörten, sehr belustigte.

Ein Jahr später erhielt der vielnamige Schüler eines der zwei Royal School Stipendien für das angesehene Trinity College in Dublin. Bei dieser Gelegenheit wurde sein kompletter Name mit Goldlettern auf die Portora-Namenstafel aufgetragen.

Vierundzwanzig Jahre danach, als Wilde in Ungnade gefallen war, wurde der Namenszug übermalt. Sogar die Anfangsbuchstaben »O.W.«, die der Schüler ins Fensterbrett des Klassenzimmers geritzt hatte, wurden vom Direktor beseitigt.

Heute ist der Name Wildes jedoch wieder zu sehen, und mit Blattgold wurde nicht gespart. Der Schriftzug im Fensterbrett war allerdings nicht mehr zu restaurieren.

Die ersten literarischen Kämpfe

Als Oscar 18 Jahre alt war, übersetzte seine Mutter, Constanza Speranza, einen dicken Roman aus dem Deutschen ins Englische. Das Opus hieß »Eritis Sicut Deus«, war anonym veröffentlicht und von Wilhelmine Friederike Gottliebe Canz, einer Pionierin der Kindergartenerziehung in Deutschland, geschrieben worden. Die Autorin erklärte später, Gott habe sie zum Schreiben dieses Werkes inspiriert. Die Hauptperson in diesem Buch ist ein hochmütiger Ästhet, der aus der Schönheit eine Religion macht und unter tragischen Umständen ums Leben kommt. Es geschah zu dieser Zeit und in einer solchen Atmosphäre, daß der junge Wilde beschloß, Schriftsteller zu werden.

Es wird auch erzählt, wiewohl ohne konkreten Beleg, der junge Student am Trinity College in der irischen Hauptstadt soll eines seiner Gedichte vor den Studenten seiner Klasse vorgetragen haben. Als einer der Anwesenden sich lustig machte, soll Wilde zu dessen Pult hinübergegangen sein und gefragt haben, mit welchem Recht er sich so aufführe. Der Kommilitone soll ihn erneut ausgelacht und Oscar ihn daraufhin mit der Faust ins Gesicht geschlagen haben. Im Nu hätten sich die Studenten im Hof aufgestellt, um den Zweikampf zu beobachten. Obwohl Oscar nicht gerade körperliche Stärke und Gewandtheit ausstrahlte und ihm keiner eine Chance gegeben habe, soll er seinen Kontrahenten K.O. geschlagen haben.

Spannende biblische Geschichten

Am Ende seines zweiten Studienjahres in Oxford mußte Wilde ein Examen in Griechisch und Lateinisch ablegen. Das Resultat dieser Prüfungen wurde jedoch nicht benotet, sondern nur mit »bestanden« oder »durchgefallen« bewertet, was Oscar als unter seiner Würde empfand. Am Montag, dem 3. Juli 1876, kam der Student von einer kurzen Reise nach Oxford in sein College zurück, ging spät zu Bett, um dort zur Vorbereitung Catull zu lesen. Dies war ihm jedoch zu langweilig, und so ersetzte er die lateinischen Gedichte durch Swinburne. Er hatte vor, am nächsten Morgen auszuschlafen, doch wurde er um 10 Uhr durch heftiges Klopfen an seiner Zimmertür geweckt. Es war der Pförtner der Universität, der aufgeregt den

Schlaftrunkenen darüber informierte, daß er zu seinem Examen in Theologie erwartet würde. Wilde, der dieses Examen als unwichtig empfand, hatte angenommen, es würde am Donnerstag und nicht bereits am Dienstag stattfinden. Er zog sich in aller Gemächlichkeit an und schlenderte zum Gebäude, wo er schon seit mehr als einer Stunde erwartet wurde. W. H. Spooner, ein Examinator am New College Oxford, rügte ihn für seine Verspätung. Wilde lächelte und meinte: »Sie müssen mich entschuldigen. Ich habe mit diesen ›durchkommen/durchfallen‹-Examen leider keine Erfahrung.« Spooner gab dem arroganten Studenten als Strafe das 27. Kapitel der Apostelgeschichte zum Abschreiben auf. Nachdem sich Wilde der Abschrift der biblischen Geschichte gewidmet hatte, beruhigte sich der Examinator und meinte, Wilde könne jetzt mit dem Schreiben aufhören. Der Bestrafte tat dies jedoch nicht, bis ihn Spooner erstaunt fragte: »Herr Wilde, haben Sie nicht verstanden, daß ich Ihnen gesagt habe, Sie könnten mit dem Schreiben aufhören?« – »Aber sicher habe ich Sie verstanden«, meinte Wilde, »aber das, was ich abschrieb, interessierte mich so sehr, daß ich davon nicht lassen konnte. Es ging um einen Mann namens Paul, der sich auf eine Reise begab und in einen fürchterlichen Sturm geriet. Ich hatte Angst, er würde ertrinken; aber wissen Sie, Herr Spooner, er wurde gerettet, und als ich herausfand, daß er gerettet war, dachte ich, ich sollte zu Ihnen kommen und es Ihnen erzählen.« Der Prüfer, der dem Klerus angehörte und der Neffe des Erzbischofs von Canterbury war, war über diese Unverschämtheit so erzürnt, daß er Wildes Examen als »durchgefallen« markierte. Der so gestrafte Student mußte im folgenden Jahr noch einmal zur Prüfung antreten.

Gentleman ist eine Sache der Einschätzung

Obwohl er sein Examen in Theologie im nächsten Studienjahr nachholen mußte, schloß Wilde sein zweites Jahr im Magdalen College in Oxford mit summa cum laude ab. Durch diesen Erfolg in seinem Genie bestätigt, begann der Student im Oktober 1876 sein drittes Jahr, indem er gegenüber den Universitätsbehörden eine gezielte Arroganz an den Tag legte. Im Januar 1877, während der Versammlung zum Jahresbeginn, befragte der Präsident des Colleges, Doktor Frederick Bulley, Professor William Dennis Allen, was er von Wildes Arbeit halte. Allen antwortete mit aufgebrachter Stimme: »Herr Wilde hält sich von meinen Vorlesungen ohne Begründung fern. Seine Arbeit ist äußerst unzufriedenstellend.« Daraufhin wandte sich Bulley an den Studenten: »So benimmt man sich doch nicht einem Gentleman gegenüber, Herr Wilde.« Oscar beschloß, die Gelegenheit zu nutzen, seinen Witz und seine Aufsässigkeit vor der versammelten Studentenschaft zur Schau zu stellen. Er räusperte sich und antwortete: »Herr Allen ist aber kein Gentleman.« Woraufhin Dr. Bulley, der Konfrontationen zumeist auszuweichen pflegte, Wilde des Saales verwies. Wilde hatte es somit geschafft, sich in den Mittelpunkt des Geschehens und, für die nächsten Wochen, der studentischen Diskussionen zu stellen. Der Präsident unterließ es jedoch künftig, Wildes Benehmen zu rügen.

Etikette zur Seeschlacht

In Oxford gehörte Sport zum Studentenleben, und Wilde, mit seiner Aversion gegenüber Leibesübungen, war wohl eher eine Ausnahme. Er konnte Kricket und Rudern gerade noch tolerieren. Trotzdem ließ er sich zum Training für die Achterregatta überreden. Er bestand auf einem gemäßigten, einem Gentleman angemessenen Rudertempo. Als der Steuermann die Crew ermahnte, mit geradem Rücken zu rudern, erwiderte Wilde: »Ich bin überzeugt, die Griechen haben das bei Salamis ganz anders gemacht.«

Vorwärts und nicht rückwärts

Als das Magdalen-College-Boot, in dem Wilde ruderte, von einem Konkurrenten überholt zu werden drohte und schnell ausweichen sollte, erwiderte Oscar die Rufe beider Mannschaften mit Achselzucken und ließ sich nicht im geringsten zur Eile drängen. Als er später schließlich aus der Crew gewiesen wurde, konterte er: »Ich weiß ohnehin nicht, wieso ich mich Abend für Abend rückwärts auf den Weg nach Iffy begeben sollte.«

Mens sana ...

Wildes Liebe für die Antike war während seines Studiums in Oxford legendär, reichte allerdings nicht bis zur Palaestra, dem Gymnasium. So erklärte er einmal einem Journalisten, die einzige Leibesübung solle im Reden und nicht im Marschieren bestehen.

Schöne Aussichten

Die anderen Studenten der Altphilologie im Magdalen College von Oxford hielten Wilde für launisch, ja verrückt. Er verspottete die Sportler, die ihn ihrerseits lächerlich fanden. Um sich an ihm zu rächen, schleiften sie ihn angeblich einmal auf einen Hügel, und erst als sie oben angelangt waren, ließen sie ab von ihm. Nachdem er wieder auf die Beine gekommen war, soll er sich den Staub von den Kleidern gewischt und kommentiert haben: »Die Aussicht von diesem Hügel ist wirklich sehr nett.« Als sein Freund Atkinson bezweifelte, daß diese Episode je stattgefunden habe, antwortete Wilde: »Im Leben eines Menschen besteht die Wahrheit nicht aus dem, was er tut, sondern aus der Legende, die sich um ihn bildet.«

Die Zimmerordnung

Als eine Deputation von vier Kommilitonen in Wildes Zimmer einzudringen versuchte und die übrigen Studenten sich im Treppenhaus versammelten, um das Spektakel mit anzusehen, war das Resultat überraschend: Der erste wurde von Wildes Tritten hinausbefördert, der zweite erhielt einen Faustschlag in den Bauch, der dritte flog durch die Luft, und den vierten, der so groß war wie Wilde, trug er eigenhändig in dessen Zimmer und begrub ihn unter den Möbeln.

Der Dichter im Porzellanladen

Als Wilde in Oxford studierte und sich die ersten Anzeichen eines künftigen Ästheten ankündigten, soll der junge Student einmal geäußert haben: »Ich finde es immer schwieriger, im Alltag meinem blauweißen Porzellan gleichzukommen.« Es ist äußerst zweifelhaft, daß dieser Kommentar wirklich von Wilde stammt. Sicher jedoch ist, daß diese Geschichte sehr schnell im Magdalen College und auch in den übrigen Institutionen der Universität von Oxford die Runde machte und bald zu einem Mythos wurde. Und es bereitete dem jungen Iren natürlich viel Spaß, als er hörte, daß der Pfarrer von St. Mary's Church in Oxford, John Burgen, diese Äußerung so ernst nahm, daß er in der Sonntagspredigt dagegen wetterte: »Wenn ein junger Mann kundtut, nicht im Witz, sondern im nüchternen Ernst, daß er es schwierig findet, im Leben seinem blauen Porzellan gleichzukommen, hat sich in diese klösterliche Umgebung eine Art Hedonismus eingeschlichen, gegen den es unsere Ehre verlangt zu kämpfen und ihn wenn möglich auszurotten.«

Später kehrte Wilde noch einmal zu dieser Episode zurück und kommentierte: »Es war das erste Mal, daß mir die völlige Dummheit der englischen Leute offenbart wurde.« Es war auch der erste von sehr vielen Anlässen, derentwegen die Engländer über Wilde reden würden. Man darf wohl annehmen, daß dies dem Dichter schon zu dieser Zeit nicht unangenehm war.

Die Kosten der Religion

Als Wilde mit dem Gedanken spielte, so wie auch andere Studenten in Oxford zu jener Zeit, zum Katholizismus überzutreten, war Sir William Wilde seine größte Hürde. Oscars Kommentar zum Verhalten seines Vaters lautete: »Ich bin sicher, wäre ich katholisch geworden [während des Studiums], hätte er seine Unterstützung völlig gestoppt, und das wäre heute genau so.«

Der Apfel fällt ...

Im seinem Gedicht *San Miniato*, 1876 im *Dublin University Magazine* veröffentlicht, schreibt der Dichter in der letzten Zeile von Sünde und Schande. Der Vater war mit diesen Versen höchst zufrieden. Seine Mutter Constanza Speranza Wilde meinte hingegen: »Die Sünde ist etwas Achtbares und höchst Poetisches, die Schande aber nicht.«

Gefährliche Gesprächsthemen

Es war während seiner Studentenzeit in Oxford zwischen 1875 und 1877, als Wilde anfing, sich für gleichgeschlechtliche Beziehungen zu interessieren. Obwohl das im College tabu war und man deswegen von der Universität verwiesen werden konnte, wurde dieses Thema unentwegt in kleinen Studentenzirkeln diskutiert, und man könnte fast sagen, daß zu jener Zeit Beziehungen zwischen Männern in Oxford wie auch in Cambridge en vogue waren. André Raffalovich, der Wilde feindselig gegenüberstand, bemerkte, Wilde habe oft und laut angegeben, daß er so viel Vergnügen am Reden über Homosexualität habe wie andere beim Praktizieren.

Beachtenswerte Mittel

Nach seinem Studienabschluß in Oxford beschloß Wilde, London zu erobern. Für diesen Zweck war ihm jedes Mittel recht – je exzentrischer, desto besser. Die Künstlerin Louise Jopling schildert, wie er mit einer Riesenschlange um seinen Hals vor ihrer Tür erschien und erklärte: »Die Giftsäcke sind entfernt worden, nur keine Angst.« Als Frank Benson ihn vor einem Theater traf, hörten sie einen Passanten verächtlich kommentieren: »Da geht dieser blöde Narr Oscar Wilde.« Das Objekt dieser Tirade erwiderte freudig: »Es ist außergewöhnlich, wie schnell man in London bekannt wird.«

Die Macht der Werbung

Wilde machte die Kontroverse bald zu seiner bevorzugten Waffe, wenn es darum ging, in der Öffentlichkeit größtmögliches Aufsehen zu erregen. Wie er es später in *Das Bild des Dorian Gray* erklärte: »Es gibt nur eines in der Welt, das schlimmer ist, als daß man über einen spricht, und das ist, daß man nicht über einen spricht.«

Wilde begann sich mehr und mehr exotisch zu kleiden. Seine Haare ließ er bis zur Schulter wachsen. Bald wurde behauptet, der junge Dichter wäre den Piccadilly hinuntergeschlendert in einer schillernden Aufmachung mit Knickebockern und einem wallenden Samtjackett, und er hätte in der Hand eine weiße Lilie getragen. Wilde meinte dazu nur: »Ein jeder hätte das tun können. Das große und schwierige Unternehmen bestand in dem, was ich zustandegebracht habe – daß die ganze Welt nun glaubt, ich hätte dies auch tatsächlich getan.«

Die Ballettübungen der Sarah Bernhardt

Wilde entdeckte ein weiteres, sehr wirkungsvolles Mittel, von sich reden zu machen. Er vergötterte in aller Öffentlichkeit die drei meistbekannten Frauen der Londoner Theaterwelt. Lillie Langtry war ein Modell, das für die berühmtesten Maler gestanden hatte und bald die Mätresse des Prinzen von Wales wurde. Die beiden anderen waren Schauspielerin und Tänzerin – Ellen Terry und Sarah Bernhardt. Indem er seinen Namen mit diesen Berühmtheiten verknüpfte, sicherte er sich einen prominenten Platz in der Londoner Presse. Angeblich hatte der junge Ire Sarah Bernhardt bei ihrer Ankunft in London begrüßt, indem er ihr einen riesigen Strauß von Lilien vor die Füße legte. Diese Extravaganz wurde von der Diva belohnt, und sie war des öfteren bei Wilde zu Gast – wo sie eines Abends, um ihre tänzerischen Fähigkeiten zur Schau zu stellen, mit einem Stück Kohle in der Hand so hoch wie möglich in die Lüfte sprang und ihren Namen an die Wand kritzelte. Von der Position der verschiedenen Autogramme her zu urteilen konnte die Bernhardt wahrhaftig hoch springen.

Für den Papst und für den Dichter

Nach seiner Audienz bei Papst Pius IX., die sein Freund Hunter Blair mit dem Ziel einer Bekehrung Wildes organisiert hatte und die diesen zutiefst beeindruckte, bat Wilde den Freund, vor der Basilica di San Paolo Fuori le Murra beim protestantischen Friedhof anzuhalten. Wilde stieg aus, ging zum Grabe des englischen Dichters John Keats, »der heiligsten Stätte Roms«, und warf sich dort zu Boden. Diese Reverenz war eine größere Ehrerbietung als jene, die er dem Papst erwiesen hatte.

Durch die Blume

Die Attraktivität des Katholizismus hielt für Wilde an, und er besuchte mehrere Male den Priester Father Bowden in Londons prunkvoller katholischer Kirche »Brompton Oratory«, um mit ihm theologische Gespräche zum Zwecke der Bekehrung zu führen. An dem Tag, als Wilde in die katholische Kirche aufgenommen werden sollte, traf in »Brompton Oratory« statt Oscar Wilde ein Paket ein. Als es geöffnet wurde, fand man einen großen Strauß weißer Lilien: Wildes blumige Erklärung gegen einen Übertritt zur katholischen Religion.

Brüderlich und kritisch

In einem Interview mit dem *Biograph* verkündete Wilde 1880, er schwanke zwischen einer Laufbahn als Maler und einer als Schriftsteller. Auch sein Bruder Willie versuchte sich darauf als Bildhauer und als Journalist. Oscar kommentierte die Bemühungen seines Bruders wie folgt: »Willies Skulpturen zeigen greifbare Zeichen des Todes, aber keine Hoffnung auf Wiederbelebung.«

Der Prinz bittet um Audienz

Oscar Wilde gehörte 1881 bereits zum Kern der Londoner Gesellschaft. Als der Prinz von Wales ihn zu sich bat, geschah dies mit folgender Einladung: »Ich kenne Herrn Wilde nicht, und wer Herrn Wilde nicht kennt, ist unbekannt.«

Enttäuschende Kreuzfahrt

Während seiner ersten transatlantischen Reise nach New York wurde Wilde von einem Mitreisenden befragt, was er denn vom Atlantik halte. Er soll geantwortet haben: »Ich bin mit dem Atlantik nicht wirklich zufrieden. Er ist weder so majestätisch noch so groß, wie ich es erwartet hatte.« Die Journalisten auf dem Dampfer telegrafierten sofort ihren Redaktionen, und alsbald verkündeten die Schlagzeilen der Londoner und New Yorker Zeitungen: »Herr Wilde vom Atlantik enttäuscht!«

Nichts zu verzollen

Als Wilde im Januar 1882 mit der »Arizona« zum ersten Mal im Hafen von New York ankam, befragten ihn die Zollbeamten, ob er etwas zu deklarieren hätte. »Nein, nichts außer meinem Genie«, lautete die Antwort.

Bescheidener Wunsch nach Inkognito

In einem Brief an Frau George Lewis äußerte sich Wilde zu seinem Empfang in den Vereinigten Staaten: »Bestimmt haben Sie sich über meinen Erfolg gefreut! Das Publikum war zahlreicher als Dickens' Zuhörer ... Ich habe mehrere ... Sekretäre. Der eine schreibt den ganzen Tag meine Autogramme [später sagte er, daß dieser ins Krankenhaus mußte wegen eines Schreibkrampfes], der andere nimmt all die Blumen an, die wirklich alle 10 Minuten gebracht werden. Ein Dritter, dessen Haare meinen ähneln, muß den Myriaden von jungen Frauen dieser Stadt Locken seines Hauptes schicken und wird schnellstens zum Kahlkopf ... Sie können sich ja vorstellen, wie ich, als jemand, der rechtschaffene Unbekanntheit liebt, dieses Gefeiertwerden hasse. Es soll ja schlimmer sein als das von Sarah Bernhardt.«

Der Elefant, die Lilie und die Sonnenblume

Als Wilde auf seiner Vortragsreise durch die Vereinigten Staaten nach Philadelphia kam, stieg er im Adeline Hotel ab, in dem sich auch ein anderer Referent, Archibald Forbes, ein Schotte, Journalist und Kriegskorrespondent, aufhielt. Forbes hielt seinen Eindruck von Wilde in einem Brief an eine Freundin fest: »Er wird heute abend hier seinen Vortrag halten, seine Vorlesung ist keinen Cent wert.« Forbes meinte, auch P. T. Barnum, der gerade Jumbo, den afrikanischen Elefanten erworben hatte, hätte Wilde £ 200 die Woche angeboten, wenn er denselben durch die Straßen führen und in der Linken eine Lilie, in der Rechten eine Sonnenblume tragen würde. Sicher ist, daß Barnum genug Interesse an Wilde hatte, um während seines Vortrags in der ersten Reihe zu sitzen.

Zu viel Wasser in die falsche Richtung

Wildes Eindrücke von Amerika waren nicht alle positiv. Als er in Niagara ankam und sich die Fälle ansah, meinte er: »Niagara wird sicherlich alle meine Kritiken überleben. Ich muß aber sagen, es ist wohl die erste Enttäuschung im Eheleben vieler Amerikaner, die ihre Flitterwochen hier verbringen.«

Oscars Kritik galt vor allem den »endlosen Wassern, die immerzu in die falsche Richtung stürzen«. Als er aber die Führung unter den Fällen hindurch unternahm, stieg sein Respekt für das US-kanadische Naturwunder.

Ein taktvoller Republikaner

In Louisville angelangt, antwortete Wilde auf die Frage nach seiner politischen Überzeugung: »Ja, ich bin ein Republikaner durch und durch. Keine andere Regierungsart ist für Kunst so günstig.« Er meinte, auch Großbritannien solle zur Republik werden. »Natürlich kann ich mit meinem Freund, dem Prinzen von Wales, nicht über solche demokratischen Prinzipien reden. Sie werden wohl verstehen, das ist einfach eine Frage des gesellschaftlichen Takts.«

Im Zuge der Segregation

In Atlanta, am 4. Juli 1883, machte Wilde seine ersten Erfahrungen mit dem amerikanischen Rassismus. Sein Agent hatte drei Schlafwagentickets für den Zug nach Savanna gekauft, für Wilde, den Agenten und den Diener Traquair. Der Schaffner wies Wilde darauf hin, daß die Pulman-Gesellschaft es nicht zulasse, Schwarze im Schlafwagen fahren zu lassen. Wilde antwortete, Traquair sei mit ihm ohne Probleme quer durch den Süden gereist, und er insistierte, daß man ihm das auch jetzt erlauben solle. Der Agent warnte Wilde, die nächste Haltestelle sei Jonesboro, und wenn die Leute dort einen Schwarzen im Schlafwagenabteil sähen, würden sie den Zug stürmen. Wilde hatte keine andere Wahl als nachzugeben.

Reiseeindrücke kreuz und quer durch einen Kontinent

Den größten Teil seiner Amerikareise bewältigte Wilde, indem er im Pullman-Eisenbahnwaggon von Stadt zu Stadt fuhr. Er genoß den Luxus dieser Züge, beklagte sich jedoch über den Mangel an Privatsphäre. »Knaben rannten den Zug auf und ab und verkauften Literatur, gute und schlechte, sowie alles, was man essen oder auch nicht essen konnte, aber das, was meine Gefühle am meisten verletzte, war der Anblick eines Piratenexemplars meiner eigenen Gedichte, das für zehn Cents verkauft wurde. Ich rief die Buben zu mir und erklärte ihnen, daß, obwohl Dichter gerne beliebt seien, sie doch bezahlt werden wollten, und Ausgaben meiner Poesie zu verkaufen, ohne mir einen Profit davon zu zahlen, hieße, der Literatur einen Schlag zu versetzen. Was eine fürchterliche Wirkung auf poetische Aspiranten hatte! Ihre unveränderte Antwort war stets, daß sie selbst Profit mit diesem Geschäft machten, und das sei alles, worum sie sich kümmerten.«

Über seine Fahrt durch Nordamerika erzählte Wilde: »Als ich nach Texas reiste, nannte man mich ›Captain‹, als ich im Zentrum des Landes ankam, wurde ich ›Colonel‹ genannt, und als ich an die Grenze zu Mexiko gelangte, war ich ›General‹.« Diese Titel störten Wilde nicht im geringsten. Er haßte es jedoch, mit »Professor« angesprochen zu werden. Ferner beklagte er sich wegen des Lärms und der Hast, die für ihn alle Amerikaner an den Tag legten: »Ich sah einen einzigen Amerikaner, der ruhig war – eine hölzerne Figur vor der Tür eines Tabakladens.«

Fälschlicher Pressebericht

Als Wilde sich in Boston aufhielt, schrieb eine englische Zeitung, der Poet sei in der Hauptstadt von Massachusetts gesehen worden. Er sei in der Stadt spazierengegangen, gekleidet in einen Mackintosh-Regenmantel und mit offenem Schirm. Als man ihn fragte, wieso er diese Aufmachung gewählt habe, antwortete Wilde: »Ja, ich habe gehört, es soll heute morgen in London regnen.« Robert Sherard fragte seinen Freund, ob diese Geschichte stimme, und Wilde meinte, es sei eine »falsche Nachricht« gewesen.

»Genau, das dachte ich mir ja«, meinte Sherard. »Ja«, fuhr Wilde fort, »ich fand später heraus, daß an dem Tag das Wetter in London ausgezeichnet war.«

Dem amerikanischen Publikum zum Vorbild

Am 23. April 1881 fand die Premiere von *Patience*, einer Operette von Gilbert und Sullivan, in London statt. Die Hauptpersonen des Stückes sind zwei Ästheten, Reginald Bunthorne und Archibald Grosvenor, für die sich Gilbert von Oscar Wilde und dem Maler Whistler inspirieren ließ. Das Ganze ist aber nicht etwa als eine Hommage an die beiden zu verstehen. Vielmehr ging es dem Librettisten darum, sich über Dandys und die Präraffaeliten lustig zu machen. Das Singspiel hatte in London großen Erfolg, nicht zuletzt, weil sich Wilde und Whistler wachsender Berühmtheit erfreuten. Als das Lustspiel in New York im Standard Theater lief, wurde Wilde vom Ehepaar Heyes zu einer Aufführung eingeladen. Sie kamen im Schauspielhaus an, kurz nachdem der Vorhang aufgegangen war. Wilde nahm in der hintersten Sitzreihe der Loge Platz, wo er sich unbeobachtet die ersten zehn Minuten ansah. Doch Wilde fühlte sich auf seinem die Anonymität wahrenden Platz nicht wohl. Er stand auf und setzte sich in die erste Logenreihe. Gilbert und Sullivan hatten sich entschieden, Bunthorne in England nach Whistler zu kleiden und in Amerika nach Wilde. Als der Schauspieler J. H. Ryley, der diese Rolle spielte, die Bühne betrat, drehten sich im Publikum die Köpfe, und alle starrten den Iren an. Wilde lächelte seine Gastgeberin an und flüsterte ihr zu: »Dies ist eines der Komplimente, das die Mittelmäßigkeit denen macht, die nicht mittelmäßig sind.«

Ein Besuch bei Dante, im Auge des Orkans

Während seiner Amerikatournee wollte Wilde Henry Wadsworth Longfellow, der Dante ins Englische übersetzt hatte und ein Freund seiner Mutter war, besuchen. Der achtundsechzigjährige Sam

Ward, ein einflußreicher politischer Lobbyist mit den besten gesellschaftlichen Verbindungen in Washington, schrieb einen kurzen Empfehlungsbrief an den Übersetzer, in dem er ihn bat, Wilde unter seine Fittiche zu nehmen. Als der junge Ire versuchte, ein Treffen mit dem älteren Herrn zu organisieren, wurde er zunächst abgewiesen, da Longfellow gesundheitliche Probleme habe. Als sich Wilde zum zweiten Mal meldete, wurde seine Bitte erfüllt, und man lud ihn zum Frühstück ein. Wilde mußte sich durch eine Folge gewaltiger Blitze und Donnerschläge kämpfen, um an sein Ziel zu gelangen. Als er das Haus wieder verließ, kam ein Orkan auf, und Wilde meinte: »Gerade die richtigen Bedingungen, um einen Poeten zu besuchen.«

Longfellow erzählte Wilde, daß er während seines Aufenthaltes in England Königin Viktoria in ihrem Schloß in Windsor besucht habe. Die Königin sei sehr nett zu ihm gewesen, und als er ihr erklärt habe, er sei überrascht, daß man ihn in England so gut kenne, habe Ihre Majestät geantwortet: »Oh, Herr Longfellow, ich kann Ihnen versichern, Sie sind bestens bekannt. Alle meine Bediensteten lesen Sie.« Und Longfellow gestand seinem Gast: »Manchmal wache ich mitten in der Nacht auf und frage mich, ob das eine beabsichtigte Herabsetzung war.«

Ein Missionar in Nordamerika

Wildes Empfang während seiner Vortragsreise durch die Vereinigten Staaten fiel nicht immer zum Besten aus. Am Anfang des Unternehmens erschienen in den Zeitungen mehrfach Artikel über seine Reden und sein Aussehen, manchmal sogar, bevor der Redner selbst in einer Stadt ankam. Dies war auch der Fall in Rochester, wo eine Rezension von einem T. W. Higginson, veröffentlicht im *Women's Journal*, Wildes Vorlesung in Stücke riß. Eine Gruppe von Studenten, die gehört hatte, wie Wilde in Harvard von der Studentenschaft ausgelacht worden war, versammelte sich also, um seinen Auftritt zu stören. Sie ließen den Redner nicht recht zu Wort kommen, grölten, lachten und klatschten langsam im Takt, so daß es unmöglich war, den Gedankengängen des Dichters zu folgen. Als seine Mutter Constanza Speranza davon hörte, schrieb sie ihrem Sohn: »Was ist das für ein Sturm und Wirbelwind, in dem du lebst?« Der Gedemütigte vertraute sich einem Journalisten an: »Ich kann mich nicht beklagen. Natürlich habe sie mich auf eine unverschämte Art behandelt, dennoch bin nicht ich derjenige, den man verwundet hat, es ist das Publikum. Durch solche lächerlichen Angriffe lehrt man die Menschen, das, was verehrt werden sollte, ins Lächerliche zu ziehen. Wäre ich hier in Amerika in der Presse anders behandelt worden als in England, hätte man mich gelobt und unterstützt – zum ersten Mal in meinem Leben –, so hätte ich Zweifel an mir und meiner Mission gehabt.« In

Fahrt geraten, fuhr Wilde fort: »Welche Auswirkung kann das, was der *New York Herald* sagt, wohl haben? Sehen Sie sich doch die Venus-von-Milo-Statue an. Sie sehen sofort, daß es eine bezaubernd schöne Kreation ist. Würde es Ihre Meinung im geringsten ändern, wenn alle Zeitungen im Lande sie als ärmliche Karikatur darstellen würden? Überhaupt nicht. Ich weiß, daß ich Recht habe, daß ich eine Mission erfüllen muß. Ich bin unzerstörbar!«

Rollentausch

Es gab auch einige unter den amerikanischen Journalisten, die voll und ganz auf Wildes Seite standen. So in Boston, als er die Tür seines Hotelzimmers einem Interviewer öffnete: »Da kam ein sehr junger Mann, oder eher ein Junge, und als ich ihn sah, schätzte ich ihn beinahe erst auf sechzehn. Ich fragte ihn, ob er noch zur Schule gehe, und er erwiderte, er hätte sie schon vor einiger Zeit verlassen. Ich fragte ihn, ob er Französisch könne, was er verneinte. Ich riet ihm, Französisch zu lernen, und schlug ihm einige Bücher vor, die er lesen sollte. In Wirklichkeit war also ich es, der ihn interviewte. Zum Schluß gab ich ihm eine Apfelsine und schickte ihn seiner Wege. Ich weiß nicht, was er mit der Frucht gemacht hat; aber es sah so aus, als sei er mit dem Geschenk zufrieden.«

Aktienlose Ehrung

Bei seinen Reisen durch den nordamerikanischen Kontinent kam Wilde auch nach Leadville, hoch in den Rocky Mountains. Der Bürgermeister dieser Stadt, H. A. W. Tabor, der den Namen »Silberkönig« trug, lud ihn ein, die Bergwerke zu besichtigen. Wilde wurde in einem großen Eimer den Schacht hinuntergelassen. Als er mühselig am Grund angekommen war und auf seinen Beinen stand, sah er, daß eine Zeremonie für ihn vorbereitet worden war, in der er mit einem silbernen Bohrer einen neuen Schacht eröffnen sollte, dem man ihm zu Ehren den Namen »Oscar« gab. »Ich hatte gehofft, daß sie mir in ihrer großen Einfachheit in diesem ›Oscar‹ Aktien schenken würden«, meinte er später.

Der Tod eines Silberschmiedes

Um sich beim Bürgermeister und den Bergarbeitern von Leadville für seine Ehrung zu bedanken, las Wilde ihnen aus der Autobiographie von Benvenuto Cellini, dem berühmten Silberschmied aus dem 16. Jahrhundert, vor. »Meine Zuhörer tadelten mich, weil ich ihn nicht mitgebracht hätte. Ich erklärte ihnen, er sei schon seit einiger Zeit tot; was jedoch zu der Frage führte: ›Wer hat ihn denn erschossen?‹« Später erklärte Wilde dem Maler James Whistler: »Ich habe Amerika schon zivilisiert – Il ne reste seulement le ciel!« (Es bleibt nur noch der Himmel!)

Tödliche Kritik

In Leadville besuchte Wilde abends das Casino. »Dort traf ich Bergarbeiter und die Freundinnen der Bergarbeiter, und in einer Ecke saß der Pianist, über dessen Klavier die Notiz stand: ›Es wird gebeten, den Klavierspieler nicht zu erschießen; er gibt sein Bestes.‹ Die Anerkennung, daß schlechte Kunst mit dem Tod bestraft werden sollte, hat mich tief beeindruckt, und ich hatte das Gefühl, daß in dieser abgelegenen Stadt, wo die ästhetische Anwendung des Revolvers, was Musik angeht, eindeutig festgelegt war, mein apostolischer Auftrag sehr leicht zu erfüllen sein würde – was dann auch zutraf.«

Aufs falsche Pferd gesetzt

Während seines New-York-Aufenthaltes spazierte Wilde eines späten Morgens die Fifth Avenue hinauf, als er von einem hageren jungen Mann angesprochen wurde, der vorgab, der Sohn des Finanziers Anthony J. Drexel, zu sein, den Wilde kannte. Das Ereignis ist nur sehr vage dokumentiert. Es scheint, daß Wilde ihn sofort zum Lunch einlud. Während der Mahlzeit soll der Jüngling erklärt haben, er habe in der Lotterie gewonnen, und er bat den Gastgeber, ihn zu begleiten, um den Gewinn abzuholen. Wilde kam der Aufforderung nach, und schon bald landeten sie in einer Spielhölle. Wilde habe angefangen zu spielen und nach kurzer Zeit schon Schecks über mehr als $ 1.200 ausgeschrieben. Als er wieder allein auf der Straße stand, muß ihm klargeworden sein, daß er von dem Jugendlichen absichtlich dort hingebracht worden war, damit dessen Freunde ihn schröpfen konnten. Wilde ging als erstes zur Bank, um die Schecks sperren zu lassen, und von dort zur Polizei, um Anzeige zu erstatten. Merkwürdig an der ganzen Angelegenheit aber ist, daß Wilde, der doch ein ausgezeichneter Menschenkenner war, den Unterschied zwischen dem Erben einer wohlhabenden Bankiersfamilie und einem Hochstapler nicht erkannt haben soll. Vielleicht steckt dahinter aber etwas anderes, denn es war zu dieser Zeit bekannt, daß mehrere New Yorker Stricher ihren Kunden unter Drohungen Schecks abverlangten.

Einladung zum Puppenspiel

In San Fransisco wurde Wilde von einer Gruppe junger Künstler zum Tee eingeladen. Das Ereignis sollte in einem Atelier stattfinden. Die Gastgeber hatten den Raum bis ins kleinste Detail dekoriert. Um die Fenster herum hatten sie Rosen und Laubblätter gemalt und mit dem besten Teeservice, das aufzutreiben war, den Tisch feierlich gedeckt. Beim Eingang, links von der Tür, hatten sie eine Schaufensterpuppe mit Hut und Schleier aufgestellt, die sie Miss Piffle nannten. Der chinesische Freund eines der Künstler kam eigens ins Atelier, um den Tee vorzubereiten. Als Wilde endlich eintraf, schaute er sich um, sah den sich verneigenden Chinesen, die Blumenornamente und die Anwesenden, die sich nach oscarianischer Art gekleidet hatten, und verkündete der Gesellschaft: »Hier gehöre ich hin. Dies ist meine Atmosphäre! Ich hatte ja keine Ahnung, daß es irgendwo in den Vereinigten Staaten einen solchen Ort gäbe.« Er ging im Raum umher, um alles und jedes Detail zu bewundern. Während seines Rundganges stieß er unabsichtlich gegen die Puppe, denn da das ganze Zimmer nur mit schwachem Kerzenlicht beleuchtet war, hatte Oscar zunächst nicht bemerkt, daß »Miss Piffle« nur aus Stoff war, und er entschuldigte sich bei ihr. Als er jedoch die Beschaffenheit der Dame erkannte, begann er ein Gespräch mit ihr zu führen. Er sprach mit ihr über seine Eindrücke von San Fransisco, und seine Gastgeber sahen ihn sogar lachen und auf Fräulein Piffles imaginäre Bemerkungen mit Witz antworten.

Eine unterbrochene Askese

Robert Harborough Sherard, ein Urenkel des Dichters Wordsworth, traf Wilde zum ersten Mal 1883 in Paris. Wilde war noch Junggeselle und außerdem der Liebe seines Lebens, Alfred Douglas, noch nicht begegnet. Die Freundschaft zwischen dem englischen und dem irischen Schriftsteller wuchs und mündete später in verschiedene Oscar-Wilde-Biographien, die Sherard aus nächster Nähe recherchiert hatte. Das eine Werk hieß *Das Leben des Oscar Wilde*, ein weiteres *Die Geschichte einer unglücklichen Freundschaft* oder auch *Der wahre Oscar Wilde*. Obgleich sie wohlmeinend waren, sind diese biographischen Versuche oft das Resultat von Mißverständnissen und meist wenig aufschlußreich. So schreibt der Biograph von einer Begegnung Wildes mit einer Prostituierten in Paris, die am Anfang ihrer Bekanntschaft lag. Eines Abends soll Wilde Sherard verkündet haben: »Priapus ruft«, und sich auf den Weg ins Eden, eine berüchtigte Music Hall, gemacht haben, wo er am späten Abend mit der bekannten Kokotte Marie Aguétan ins Gespräch kam und mit ihr auch die Nacht verbrachte. Als er am nächsten Morgen Sherard zum Frühstück traf, kommentierte Wilde: »Robert, was für Tiere wir doch sind!« Der Engländer, der regelmäßig und oft mit Prostituierten verkehrte, meinte lediglich: »Der einzige Gedanke, den ich mir am Morgen machte, als ich von der Episode im Eden hörte, war, mich zu wundern, wie ein gutgenährter, guttrinkender, vollblütiger Mann, wie Oscar es mit 29 Jahren war, sich so gut kontrollieren könne, um seine Sexualkontakte auf einmal alle 42 Tage zu beschränken.«

Und was wurde aus Oscars Gefährtin einer Nacht? Jahre danach durchschnitt ihr einer ihrer Liebhaber beim Akt die Kehle mit einem Rasiermesser.

Der Preis des Lobes

Robert Sherard führte Oscar Wilde durch die französische Hauptstadt. Als Sherard eines Abends, Ende Februar 1883, Wilde im Hôtel Voltaire abholen wollte, fand er ihn in seinem Zimmer im 2. Stock, mit

Blick über die Seine. Der junge Mann rühmte die Aussicht, doch Wilde unterbrach seine Lobrede: »Ach, das ist unwichtig und zählt höchstens für den Hotelbesitzer, der den Ausblick natürlich auf die Rechnung setzt. Ein Gentleman schaut niemals aus dem Fenster.«

Im Lande, wo Löwen streifen

Die erste Frau, für die Oscar Wilde Heiratspläne schmiedete, war Florence Balcombe, bis dann Bram Stoker kam, der später »Dracula« schrieb, und sie ihm wegnahm. Die zweite Auserwählte war Violet Hunt, Tochter des Landschaftsmalers Alfred William Hunt und der Schriftstellerin Margaret Hunt. Sie trafen sich zum ersten Mal in London, als Violet noch nicht einmal siebzehn war. »Ich fühle mich wie ein Eroberer«, sagte er zu ihr. »Wir werden die Welt regieren – Sie und ich. Sie mit Ihrem Aussehen und ich mit meinem Witz.«

Violet Hunt schrieb in ihren 1926 erschienenen Memoiren, daß Wilde ihr später gesagt habe: »Oh, Fräulein Violet, stellen Sie sich die Landkarte eines ganzen Kontinents vor, und nebst den Namen einer oder zweier unwichtiger Städte eine Lücke und: Hic sunt leones! (Da leben Löwen!) Fräulein Violet, lassen Sie uns beide dort hingehen.« Violets Antwort war: »Um von den Löwen gefressen zu werden?«

1880 machte Wilde ihr einen ernsthafteren Antrag, den Violet gleichfalls ablehnte. Sie wollte wohl weder von einem Löwen gefressen noch von ihm geheiratet werden. Und so blieb sie unverheiratet und ungefressen und lebte mit dem englischen Schriftsteller Ford Madox Ford.

Von gehörnten Franzosen und kalten Engländern

Als Robert Sherard sich mit dem Gedanken trug zu heiraten und dies Wilde mitteilte, war dieser von der Idee überhaupt nicht begeistert. Er riet dem jüngeren Mann, wenn er schon heiraten müsse, »benimm dich auf unehrenhafte Weise, Robert, sie wird es nämlich früher oder später auch tun«. Als die beiden an einer Statue des französischen Königs Heinrich IV. vorbeispazierten, fuhr Wilde mit dem gleichen Thema fort: »Wieder ein anderer großer Franzose, der ein Hahnrei war! Alle großen Männer in Frankreich waren Hahnreie. Hast du das nie bemerkt? In jedem Zeitalter. Die Hörner wurden ihnen von ihren Frauen oder Mätressen aufgesetzt. Villon, Molière, Ludwig XIV., Napoleon, Victor Hugo, Musset, Balzac, Könige, Generäle, Dichter! Die, die ich aufgeführt habe und tausend weitere, die ich nennen könnte, waren alle Hahnreie. Weißt du, was das heißt? Ich werde es dir sagen: In Frankreich haben große Männer die Frauen zu sehr geliebt. Frauen mögen das nicht. Sie benutzen diese Schwäche. In England lieben große Männer nichts, weder Kunst noch Reichtum, noch Glorie ... auch nicht Frauen. Das ist ein Vorteil, da kannst du sicher sein.«

Ein bürgerlicher Zeitbegriff

Der französische Schauspieler Coquelin lud Wilde ein, ihn zu Hause zu besuchen. Als Wilde ihn fragte, wann er denn anwesend sein würde, antwortete Coquelin: »Ich bin immer um neun Uhr zu Hause.« – »Ausgezeichnet«, meinte Wilde, »ich werde also an einem der nächsten Abende vorbeischauen.« – »Aber mein Herr, ich meine neun Uhr morgens!« – »Mein lieber Monsieur Coquelin«, erwiderte Wilde, »Sie sind wirklich ein bemerkenswerter Mann. Ich bin ja viel mehr bourgeois als Sie. Ich gehe immer um vier oder fünf Uhr früh zu Bett. Ich war noch nie fähig, bis zu dieser späten Stunde aufzubleiben.« Ob sich die beiden auf einen Termin einigen konnten, ist leider nicht übermittelt.

Ein Schöngeist im Ruhestand

Nach seinem ersten längeren Besuch in Paris begann Wilde, sein Aussehen zu verändern und sich mehr und mehr wie ein Franzose zu kleiden. Ein Artikel im englischen Satiremagazin *Punch* vom 31. März 1883 kommentierte Wildes Stilwechsel in Form einer angeblichen Annonce folgendermaßen: »Zu verkaufen: Gesamtes Arsenal, Zubehör und Erfindungen eines erfolgreichen Ästheten, der sich vom Geschäft zurückzieht. Enthalten ist ein Vorrat von welken Lilien, verwahrlosten Sonnenblumen, schäbigen Pfauenfedern, mehreren langhaarigen Perücken, eine Sammlung von unverständlichen Gedichten, eine Anzahl von unmöglichen Bildern. Dabei ist auch ein wertvolles Manuskript mit dem Titel Anleitungen für Ästheten, mit einer Liste von ästhetischen Schlagworten, Diagramme für ästhetisches Benehmen und viele der größten und besten Geheimnisse des Metiers. Ferner sind da auch mehrere abgenutzte Wandtäfelungen, trauerfarbene Drapierungen, blauweißes Porzellan und Messingwaren ... bitte nur ernsthafte Bewerber.«

Eine teure Enttäuschung

Einen weiteren Heiratsantrag richtete Wilde 1880 oder 1881 an Charlotte Montefiore, die ihn ebenfalls zurückwies. An dem Abend, als ihre Antwort kam, schrieb Wilde ihr eine Zeile: »Charlotte, Ihre Entscheidung hat mich sehr enttäuscht. Mit Ihrem Geld und meinem Geist hätten wir es sehr weit gebracht.«

Die Schweiz in Schwarz und Weiß

Schließlich machte Wilde der drei Jahre jüngeren Constance Lloyd den Hof. Als er von Paris nach London zurückgekehrt war, lud er Constance und ihren Bruder als Begleiter zu seiner Mutter ein, wo sie Wildes Kritik über die Schweiz hörte: »Dieser fürchterliche Ort – so vulgär mit seinen großen häßlichen Bergen, alles in Schwarz und Weiß wie ein riesiges Foto.« Viel lieber hätte er alles klein und gut proportioniert gehabt, um ein Gefühl von Höhe zu erhalten.

Mitgiftjägerei

Als Wilde Constance heiratete, sahen viele in London darin ein kalkuliertes finanzielles Manöver, da der Schriftsteller zu diesem Zeitpunkt überall Schulden, aber kein großes Einkommen hatte. Wilde hatte schon mehreren Frauen einen Heiratsantrag gemacht, und fast alle waren wohlhabend. Als er seine zukünftige Frau traf, hatte sie ein Einkommen von £ 250 pro Jahr, was für ein junges Mädchen nicht unbeträchtlich war. Laut Testament ihres Großvaters, John Horatio Lloyd, würde sie nach dessen Tod jährlich £ 800 erhalten, kein Vermögen, aber doch ganz komfortabel. Zusätzlich war noch eine Aussteuer von £ 5000 in Aussicht, was genügte, um ein Haus einzurichten.

Als Violet Hunt, die zuvor von Constances künftigem Ehemann umworben worden war, die Nachricht von der Verlobung erreichte, kritisierte sie beißend: »Ich habe gehört, Oscars Verlobte habe nur £ 400 statt £ 800. Ich erwarte deshalb, daß die Verlobung bald aufgelöst wird.«

Es muß jedoch gesagt werden, daß Wilde gewiß eine noch viel bessere Partie hätte finden können, wenn es ihm wirklich nur darum gegangen wäre, ein Vermögen zu ergattern. Außerdem war er schon berühmt und hatte bewiesen, daß er größere Summen verdienen konnte. Zudem umschwärmten ihn stets glamouröse, reiche und schöne Frauen, und er hätte sich problemlos in New York oder in London eine reiche Erbin angeln können.

Viele Worte für einen Vergessenen

Zurück in London, begann Wilde bald die Britischen Inseln zu bereisen und Vorträge über seinen Aufenthalt in Amerika und über »Das schöne Haus« zu halten. Nach den zwei ersten Vorträgen, die er in Prince's Hall in Piccadilly hielt, schrieb Henry Labouchere, der Redakteur von *Truth*, einen Artikel mit dem Titel *Exit Oscar*. Über Wildes Karriere notierte er: »In Oxford war er ein junger Zwitter. Keiner hat so sehr über ihn gelacht wie er selbst.« Während seiner Vortragsreise durch die Vereinigten Staaten sei er ein »effeminierter Phrasendrescher« gewesen, der »seine Vorträge vor leeren Sitzreihen gehalten hat«, und der Saal in London sei nur halb voll gewesen. Wildes Kommentar lautete: »Wenn Labouchere drei Kolumnen füllen muß, um zu beweisen, daß ich in Vergessenheit geraten bin, dann gibt es wahrlich keinen Unterschied zwischen Ruhm und Unbekanntheit.«

Vom Eintauchen und Anbeißen

Am 9. Juni, zehn Tage nach Oscar Wildes und Constance Lloyds Trauung in der St. James Kirche in London, klopfte es an der Zimmertüre im Hotel Wagram in Paris, wo die Wildes ihre Flitterwochen verbrachten. Ein Reporter der *Morning News* bat um Einlaß, doch Wilde protestierte, er sei »viel zu glücklich, um ein Interview zu geben«, ließ ihn jedoch herein. »Sie sind am Lesen?« fragte der Reporter erstaunt. »Ja«, antwortete Wilde, »ich blättere und tauche ein.

Ich fange nie vorn an zu lesen, vor allem wenn es um Romane geht. Nur so kann die Neugier stimuliert werden, welche Bücher mit ihren gewöhnlichen Anfängen nie zu wecken vermögen. Haben Sie schon einmal ein Gespräch auf der Straße belauscht und nur das Ende mitbekommen, und Sie wünschten sich, Sie hätten mehr davon gehört? Wenn sie ihre Bücher auf dieselbe Art ›belauschen‹, werden sie zum ersten Kapitel zurückkehren und dann natürlich weiterlesen, sobald die Personen beißen.«

Das Gedächtnis der Kaufleute

Als die Flitterwochen vorbei waren und das Ehepaar Wilde sich in London niederließ, wurde der jungen Ehefrau bald klar, daß mit ihrem bescheidenen Einkommen Oscars Lebensstil niemals zu finanzieren wäre. Ihr Mann meinte dazu: »Genug ist so gut wie ein Essen, zuviel so gut wie ein Festessen. Die Menschen, die ihre Rechnungen begleichen, hat man bald vergessen.« Und: »Nur wenn man seine Rechnungen nicht bezahlt, darf man hoffen, in der Erinnerung der kaufmännischen Klasse fortzuleben.« Worauf Constance ihren Bruder wissen ließ, daß sie überlege, eine Stellung anzunehmen. Ihre erste Schwangerschaft setzte dieser Absicht jedoch bald ein Ende.

Aufopfernde Nächstenliebe

Oscar Wilde traf anläßlich eines Essens William Gilbert, den Lyriker des Komponistenduos Gilbert und Sullivan. Wie üblich dominierte der Dichter die Tischgespräche, was Gilbert irritierte. Nach mehreren »oscarianischen Geschichten« und Bonmots unterbrach ihn der Librettist: »Ich wünschte, ich könnte so gut reden wie Sie. Ich würde meinen Mund halten und behaupten, dies sei eine Tugend.« Wilde lächelte nur und wandte sich an den berühmten Opernschreiber: »Ach ja, das wäre aber egoistisch. Ich könnte mir die Freude zu sprechen versagen, aber doch nicht den andern die des Zuhörens.« Woraufhin William Gilbert die Tugend des Schweigens weiter pflegte.

Unfreundliches Nichtssagen

Richard Le Gallienne, der 1883, mit 17 Jahren, eine von Wildes Lesungen in Birkenhead, besucht hatte, war davon so beeindruckt, daß auch ihn die literarische Muse küßte und er eine Laufbahn als Schriftsteller einschlug. Ende der achtziger Jahre war Le Gallienne oft zu Gast bei den Wildes und ein Freund des Hauses. Während eines seiner Besuche rügte ihn der Gastgeber, er habe ein Hühnchen mit ihm zu rupfen. Wilde hatte sein Buch *The Religion of Literary Man* gelesen und war der Meinung, der Autor habe ihn darin schlecht behandelt. »Ich hätte nicht von dir erwartet, so unfreundlich gegenüber einem echten Freund zu sein.« – »Aber ich kann mich nicht mal erinnern, überhaupt deinen Namen darin erwähnt zu haben«, antwortete La Gallienne erstaunt. »Ah, Richard«, rief Wilde aus, »das ist es ja gerade.«

Die Leidenschaft wird zu Grabe getragen

Als Oscars Frau schwanger wurde, änderte er sein Verhalten ihr gegenüber. Er war über das künftige Kind erfreut, konnte aber die physische Entwicklung der Schwangerschaft nur schwer mit ansehen. Sein Freund Frank Harris fragte ihn, ob er denn überhaupt kein Erbarmen mit Constance und ihrem Zustand hätte. Der ungeduldige Gatte antwortete: »Erbarmen! Erbarmen hat mit Liebe nichts zu tun. Wie kann man etwas begehren, das so formlos, entstellt und häßlich ist? Begierde wird von der Mutterschaft getötet, Leidenschaft in der Zeugung begraben.«

Diese Situation wurde mit der zweiten Schwangerschaft noch drastischer, und sie verschaffte Wilde Klarheit darüber, daß er mit Constance nie wieder eine körperliche Beziehung eingehen und meistens nicht einmal mehr unter demselben Dach verweilen würde.

Ein eingrenzendes Kompliment

Ganz in der Nähe von Wildes Junggesellenbleibe, wohin er sich zurückzuziehen pflegte, um sich in aller Ruhe, entfernt von Constance, seiner Lieblingsbeschäftigung, den jungen Männern zu widmen, wohnten Charles de Sousy Ricketts und Charles

Shannon, ein Liebespaar, das sich auf der Kunstschule kennengelernt hatte. Sie wohnten in einer Sackgasse namens The Vale mit der Hausnummer 1. Beide waren begabte Künstler und Gestalter, die sich für moderne Literatur und Kultur interessierten. Sie arbeiteten an der ersten Nummer ihrer Zeitschrift, *The Dial*, und als sie druckreif war, schickten sie Wilde ein Exemplar. Wilde wollte sich persönlich für den Text bedanken und klingelte bei Ricketts und Shannon. »Es ist wirklich sehr reizend«, verkündete er, »ihr solltet aber keine zweite Nummer veröffentlichen, alle perfekten Dinge sollten einzigartig sein.« Das Paar nahm dies als ein Kompliment, was es sicherlich auch war.

Im Séparée

Nach der Geburt seines zweiten Sohnes Cyril endete für Wilde die sexuelle Beziehung zu seiner Frau. Im Haus in der Tite Street in London, welches er mit Constance und den Kindern teilte, zog er in sein eigenes Zimmer. Der Ehemann war auch nicht bereit, auf Reisen ein Schlafzimmer mit seiner Frau zu teilen. Als die Wildes von den Palmers, ihren Freunden, auf deren Landsitz nach Berkshire eingeladen wurden, sandte Wilde an Frau Palmer ein Telegramm, in dem er die Einladung unter der Bedingung annahm, daß man ihnen zwei Zimmer geben möge, »eines für Frau Wilde und eines für mich«.

Eigenartige Steuererklärung

Als Wilde eines Nachmittags zu Hause in der Tite Street im Londoner Quartier von Chelsea ankam, wartete ein unbekannter Mann vor seiner Haustür. Der Fremde sprach Wilde an: »Entschuldigen Sie bitte, aber ich bin hier wegen der Steuern.«

»Steuern?« fragte der Dichter. »Warum soll ich denn Steuern zahlen?«

»Aber mein Herr, sind Sie nicht der Inhaber dieses Hauses? Sie wohnen doch hier, Sie schlafen doch hier«, konterte der Beamte.

»Ah ja«, gab Wilde zurück, »aber sehen Sie, ich schlafe eben sehr schlecht.«

Ein frommer Altruismus

Obwohl Wilde nach der Geburt seines zweiten Sohnes so gut wie nicht mehr unter einem Dach mit seiner Familie lebte, liebte er seine beiden Söhne sehr. Er behielt ein Zimmer im Haus der Familie und nahm auch im Sommer Frau und Kinder mit in die Ferien. Er war stets um die Erziehung der Knaben bemüht und führte oft lange Gespräche mit jedem einzelnen, um ihre geistige und intellektuelle Entwicklung zu beeinflussen. Als Wilde seinen ältesten Sohn Cyril, der damals etwa fünf Jahre alt war, anspornte, Gott zu bitten, er solle aus ihm einen guten Knaben machen, meinte der Junge, er wolle gar nicht gut sein. Auf das weitere Drängen seines Vaters kam Cyril ein Ausweg in den Sinn: Er würde Gott bitten, seinen jüngeren Bruder gut zu machen.

Generalprobe im Crabbet Park Club

Kurz nach der Veröffentlichung von *Dorian Gray* wurde Oscar eingeladen, dem Crabbet Park Club beizutreten. Dies war ein exklusiver literarischer Club, der von Wilfrid Scawen Blunt, einem Cousin von Lord Alfred Douglas, geleitet wurde und dessen Name von Blunts Haus abgeleitet war, wo sich die Clubmitglieder jeden Sommer einmal versammelten. Bevor ein künftiges Mitglied aufgenommen werden konnte, war es Tradition, von einem etablierten Teilnehmer in einer Einführungsrede gepriesen zu werden. Wilde sollte von George Curzon, dem späteren Lord Curzon und Vizekönig von Indien, vorgestellt werden. Als der Redner seine mutmaßliche Eloge zu halten begann, stellten alle Anwesenden – unter ihnen natürlich auch der Kandidat – mit Verblüffung fest, daß Curzon Wilde aufs äußerste beschimpfte. Er griff dessen Sexualität an und meinte, niemand würde vom Bewerber gehört haben, wenn es nicht um die bizarren Sünden ginge, die sich mit seinem Namen verknüpften. Wilde konnte nur lächelnd in seinem Sessel verharren und hoffen, das Ganze sei bald vorüber. Dann war er an der Reihe, eine Rede zu halten. Die Anwesenden erlebten einen lebhaften, charmanten und geistreichen Wilde, der eine Ode auf die Liebe zwischen einem reifen Mann und einem Jüngling sprach. Er sollte dieses Thema einmal mehr mit fast denselben Worten vorbringen, nämlich als Angeklagter vor Gericht.

Die unpoetische Kaiserin

Im Frühjahr 1887 wurde Wilde angeboten, Redakteur der Zeitschrift *The Lady's World* zu werden. Das Magazin, das im vorangegangenen Oktober erstmals erschienen war, hatte sich bislang auf Mode und Klatsch spezialisiert. Wilde erkannte, daß er sich mit diesem Job ein Gehalt sichern könnte. Bevor er den Posten annehmen konnte, mußten jedoch einige Veränderungen an dem Blatt vorgenommen werden. Die Mode würde von nun an nur noch auf den letzten Seiten Platz finden. Wilde wollte Artikel zu Themen, die für die moderne Frau relevant wären, sowie Kurzgeschichten und Gedichte. Er beauftragte viele Schriftstellerinnen und Frauen, die auf anderen Gebieten erfolgreich waren, für die Zeitschrift zu schreiben. Er schrieb auch Königin Viktoria und bat sie um eines ihrer Poeme. Die englische Königin und Kaiserin von Indien erwiderte jedoch erbost, sie hätte noch nie eines geschrieben.

Nachdem er ein paar Nummern herausgegeben hatte, erklärte Wilde, daß intelligente, aktive Frauen sich nicht als Ladies, sondern als Frauen verstünden, und so wurde der Titel des Blattes in *The Woman's World* umbenannt.

Lady Wildes Leidensweg

Unter der Mitarbeit Wildes erfreute sich *The Woman's World* eines intellektuellen Niveaus, das ihrem Vorgänger, *The Lady's World,* gänzlich fehlte. Wildes Mutter, selbst Schriftstellerin, Poetin, Übersetzerin und Journalistin für politische Angelegenheiten, schrieb mehrere Artikel für das Magazin. In der dritten Nummer, die im Januar 1888 erschien, wurde ein langes Gedicht von Speranza Constanza Wilde, »Historische Frauen«, veröffentlicht. Da darin auch Ihre Majestät aufs höchste gepriesen wurde, hatte man der Queen ein Exemplar geschickt. Viktoria soll das Poem geschätzt haben. Im November desselben Jahres wurde Constanza Wildes »Irische Bauerngeschichte« im Blatt abgedruckt. Ihr Sohn hatte es jedoch gewagt, eine Anthologie von Gedichten mit dem Titel *Frauenstimmen* zu rezensieren, ohne die Stimme der eigenen Mutter zu erwähnen. Das war für Lady Wilde Anlaß für eine mütterliche Rüge, die sie an die Redaktion von *The Woman's World* schickte:

Sehr geehrter Herr Chefredaktor,

Frau Leonard schrieb mir, daß sie einen Artikel über französische Themen liefern könnte, da ihr Vater ihr alle letzten Nachrichten zukommen läßt –

Wieso hast Du mich nicht in der Rezension von Misses Sharps Buch erwähnt? Mich, die ich doch solch eine historische Position in der Irischen Literatur einnehme? Dabei erwähnst Du Miss Tynan und Miss Mulholland!

Die Hampshire Review schrieb eine exzellente Kritik über mich – Du – ach, es ist komisch – ich habe W.W. von O.W. Frau Fisher geliehen. Lady Archie ist die beste der Essayisten. George Fleming hat einen interessanten Anfang – und ist gut – aber im großen und ganzen sind Frauen solch ein erbärmlicher Haufen.

Hast Du Willie über Sodawasser gelesen – es ist so wunderbar – Arnold war entzückt.

Komm Sonntagabend zu einem kleinen Gespräch. Ich habe jetzt so wenig Zeit – denn sicherlich muß ich mich in ein bis zwei Wochen ertränken – das Leben ist ja so voller Ärger.

La tua
La Madre Dolorosa

Eine Nacht in der Räuberhöhle

Als Wilde wieder für längere Zeit in Paris weilte, kam eines Morgens der französische Schriftsteller Marcel Schwob, um ihn in seinem Hotel abzuholen. Da Wilde seinen Stock nicht finden konnte, rief er aus: »Mein Spazierstock mit dem Goldknauf ist verschwunden. Letzte Nacht war ich mit den schlimmsten Kreaturen zusammen; Räuber, Mörder und Diebe, ein Umgang, wie ihn auch Villon pflegte. Sie haben meinen Goldknaufstock gestohlen. Da war ein Jüngling mit wunderschönen, traurigen Augen, der am selben Morgen seine Freundin getötet hatte, weil sie ihm untreu gewesen war. Ich bin ganz sicher, daß er es war, der meinen Goldknaufstock gestohlen hat. Jetzt liegt mein Goldknaufstock in den Händen, die das zarte Mädchen mit der Grazie eines verwelkten Rosenstrauchs im Regen ermordet haben.« Als darauf Schwob Wilde auf den Stock, der in der Ecke lehnte, hinwies, meinte der: »Ach ja, da ist mein Goldknaufstock, wie klug von Ihnen.«

Zum Essen bei den Prousts

Wilde war von Marcel Prousts Kenntnissen der englischen Literatur beeindruckt. Proust hatte unter anderem John Ruskin übersetzt. Als Proust Wilde zum Essen in sein Haus einlud, nahm er sofort an. Der Franzose, der mit etwas Verspätung und außer Atem zu Hause ankam, fragte als erstes seinen Diener, ob Herr Wilde schon da sei. Der antwortete, er sei vor fünf Minuten angekommen und habe, als er in den Salon getreten sei, sofort nach dem Badezimmer gefragt, von wo er noch nicht zurückgekehrt sei. Proust eilte zum Bad und fragte Wilde vor der verschlossenen Tür, ob ihm unwohl sei. »Ach nein, mir ist nicht im geringsten übel. Ich dachte, ich hätte das Vergnügen, mit Ihnen allein zu speisen, aber ich wurde in den Salon geführt, schaute mich im Salon um, wo ich ihre Eltern sitzen sah. Woraufhin mich der Mut verließ. Auf Wiedersehen, Monsieur Proust ...« Später erzählten Prousts Eltern, Wilde hätte sich im Salon umgesehen und erklärt: »Wie häßlich Ihr Haus ist!«

Erste Eindrücke

Die meisten Leute, die Wilde zum ersten Mal begegneten, fanden ihn äußerst geistreich, und er hinterließ meist einen bleibenden Eindruck. Seine körperliche Erscheinung war beim ersten Anblick eher komisch, jedoch nicht wenig beeindruckend. Das lesbische Dichterpaar Katharine Harris Bradley und ihre Nichte Edith Emma Cooper, die unter dem

Pseudonym Michael Field veröffentlichten, beschrieben Wilde auf folgende Weise: »Sein gigantischer Körper besaß keinen Charme, er war eng in seine Kleider gepfercht.« Die Schauspielerin Elizabeth Robins meinte, man habe ihn mit Gewürzen und Kaviar gestopft: »Wenn man ihn anstoßen würde, würde er Absinth und Trüffeln bluten.« Sein Freund Max Beerbohm faßte den Anblick zusammen: »Luxus – vergoldete Streichhölzer – frisiertes Haar – assyrisch – nicht gepflegt – katzenartiger Gang – schwere Schultern – riesige Matrone.« Als Marcel Schwob seinen künftigen Freund zum ersten Mal erblickte, hielt er seinen Eindruck in seinem Tagebuch fest: »Ein großer Mann mit breitem, teigigem Gesicht, roten Backen, ein ironischer Blick, schlechte, herausstehende Zähne, ein boshafter, kindlicher Mund mit Lippen, die von Milch erweicht und bereit sind, noch mehr davon aufzusaugen. Während er aß, und er aß wenig, hörte er nie auf zu rauchen, opiumangereicherte ägyptische Zigaretten.«

Der irische Samariter

Bekannt, sogar berühmt und berüchtigt für sein Flair, seinen Witz und Geist, konnte Wilde auch großzügig und fürsorglich sein. Als im Jahr 1885 Oswald Sickert starb, der jüngere und weniger bekannte Bruder des Malers Walter Sickert, besuchte Wilde dessen Witwe und Tochter, um ihnen sein Beileid auszusprechen. Anfang Oktober 1878 hatte er eine kurze Zeit bei dieser Familie in Dieppe gewohnt und danach den Kontakt zu Oswald nie abgebrochen. Er schickte der Familie auch seine veröffentlichten Werke mit Widmung. Als Wilde am Haus des Verstorbenen ankam und die Tochter, die er stets Miss Nelly nannte, bat, ihn bei ihrer Mutter anzumelden, erklärte das Mädchen, die Mutter habe sich in ihr Zimmer zurückgezogen und seit dem Tod ihres Gatten mit niemandem sprechen wollen. Wilde insistierte und meinte, er würde dableiben, bis er Frau Sickert sprechen könne. Die Tochter überbrachte diese Nachricht, und alsbald kam die Trauernde, aufgelöst in Tränen, aus ihrem Gemach und begab sich in den Salon, wo Wilde auf sie wartete. Nelly sah, wie er ihre Hände in die seinen nahm, dann verließ die Tochter den Raum. Später erzählte Nelly Sickert: »Er blieb eine lange Zeit, und noch bevor er ging, hörte ich meine Mutter lachen ... Sie war ganz verändert. Er hatte es fertiggebracht, sie zum Reden zu bringen, indem er ihr Fragen über die letzte Krankheit meines Vaters stellte. Dies erlaubte ihr, ihr Herz auszuschütten mit all diesen schrecklichen, schmerzhaften Erinnerungen. Allmählich sprach er über meinen Vater, über seine Musik und die Möglichkeit, eine Gedenkausstellung seiner Bilder zu veranstalten. Und dann, sie wußte gar nicht wie, hatte er angefangen, ihr allerhand Geschichten zu erzählen. Er bemühte sich, sie so aufgeschlossen und heiter wie möglich zu machen. ›Und dann lachte ich‹, sagte sie. ›Ich hatte gedacht, ich würde nie wieder lachen.‹«

Der dekadente amerikanische Romanautor Edgar Evertson Saltus erzählte, er sei Zeuge einer von Wildes Wohltaten gewesen. Die beiden spazierten im Herbst im Londoner Viertel von Chelsea. Es war an einem kalten Abend, als die Spaziergänger von einem Bettler angehalten wurden, der seinen Mantel öffnete, um zu zeigen, daß er nichts darunter trug. Der Amerikaner griff zur Börse und gab dem Frierenden eine Goldmünze. Der Ire nahm seinen warmen Mantel ab und legte ihn dem erstaunten Mann um die Schultern.

Kleine Tips zum Gartenbau

Robert Ross erzählt, wie Wilde sich einmal in einem gemeinsamen Gespräch darüber beklagte, daß ein anderer Autor in einem bekannten Roman seine Ideen geklaut hätte. Ross bemerkte darauf, Wilde sei ja selbst »ein unerschrockener literarischer Dieb«. Der schnappte daraufhin nach Luft und entgegnete mit lauter Stimme: »Wenn ich eine unnatürlich große Tulpe mit vier Blättern im Garten eines anderen sehe, bin ich gezwungen, eine unnatürlich große Tulpe mit fünf wunderbaren Blättern heranzuzüchten. Aber das ist doch kein Grund, daß jemand eine Tulpe mit nur drei Blättern züchten sollte.«

Eine Liebeserklärung aus Kairo

Lord Alfred Douglas war Oscar Wildes erste innige und sicherlich größte Liebe. Wilde, der 16 Jahre älter war als Bosie, teilte mit diesem eine Vorliebe für jüngere, zarte Männer. Es ist deshalb kaum erstaunlich, daß Douglas die Gefühle des älteren Dichters, der sich vom ersten Augenblick an Hals über Kopf in den Oxford-Studenten verliebt hatte, zuerst nicht erwidern konnte. In seiner Autobiographie erinnert sich Douglas: »Schon als er mich zum zweiten Mal sah (als er mir ein Exemplar von *Dorian Gray* gab, das ich mit nach Oxford nahm), machte er seine Annäherungsversuche ... Er versuchte, mir auf alle möglichen Weisen zu gefallen. Er lud mich ständig zum Mittag- oder Abendessen ein, und er schickte mir Briefe, Notizen und Telegramme. Er schmeichelte mir, brachte mir Geschenke und bestätigte mich in allem. Er gab mir ein Exemplar von jedem seiner Bücher mit Widmung. Er dichtete ein Sonett für mich und überreichte es mir eines Abends beim Essen in einem Restaurant.«

Oscar machte Bosie mehrere Monate lang den Hof, und diese Belagerung war schließlich erfolgreich. Drei Jahre danach, als das Paar schon viel Streit, mehrere Trennungen und tränenvolle Wiedervereinigungen hinter sich hatte, beschlossen Lady Sybil Queensberry, Bosies Mutter, und Wilde gemeinsam, Douglas nach Kairo zu schicken, wo er sich dann auch drei Monate lang mit arabischen Jünglingen vergnügte. Am Abend vor seiner Abreise hatten Mutter und Sohn ein ernsthaftes Gespräch. Lady Queensberry war der Meinung, Wilde übe einen überaus schlechten Einfluß auf ihren Sohn aus. Sie gestand, daß sie »ihn fast am liebsten umbringen möchte«.

Als Douglas in Ägypten angekommen war, schrieb er seiner Mutter einige Briefe, in denen er seine Gefühle für seinen Freund unmißverständlich erklärte: »Er hat mich alles gelehrt, was wissenswert ist. Er hat mir beigebracht, wie Dinge durch ihr Wesentlichstes zu beurteilen sind, zu wissen, was gut ist im Unterschied zu dem, was gering und vulgär ist. Ich möchte Dir auch mitteilen, daß ich meine Ideen [über Ästhetik und gleichgeschlechtliche Liebe] nicht von Oscar Wilde aufgesogen habe, daß er sie nicht in meinen Kopf gesetzt hat und sie nicht gefördert hat. Ich hatte sie bereits in meinem eigenen Geiste geformt und war ihrer Wahrheit sicher, zwei Jahre bevor ich ihn gesehen oder sogar von ihm gehört hatte.«

Und in einem weiteren Brief an seine Mutter schrieb er: »Ich habe ihn leidenschaftlich gern. Es gibt nichts, was ich für ihn nicht tun würde, und sollte er vor mir sterben, möchte ich nicht weiterleben. Bei dem Gedanken daran wird mir schwarz vor Augen. Sicherlich gibt es in einer solchen Liebe, die zwei Menschen füreinander empfinden, nichts, das nicht gut und schön ist.«

Von der Liebe und der Langenweile

Wildes Liebesbeziehung zu Lord Alfred Douglas, die ihn später bis ins Gefängnis bringen sollte, war von Anfang an stürmisch. Als Wilde mit einer Grippe im Bett lag, wollte Bosie sich nicht um seinen Freund kümmern. Nach ein paar Tagen packte er seine Sachen und zog ins Grand Hotel in Brighton. Am 16. Oktober 1894, Wildes vierzigstem Geburtstag, kam ein Brief von Douglas, in dem er sich hämisch darüber freute, seine Hotelspesen an Wilde weitergeleitet zu haben. Am Ende des Briefes schrieb er: »Wenn Du nicht auf Deinem Podest stehst, bis Du uninteressant. Das nächste Mal, wenn Du krank bist, werde ich sofort verschwinden.«

Unbarmherzige Amnesie

Der französische Schriftsteller und Freund Pierre Louÿs suchte Wilde und Sir Alfred Douglas in ihrem gemeinsamen Hotelzimmer des Savoy in London auf. Im Gemach stand ein Doppelbett mit zwei Kopfkissen. Die drei Männer waren im Gespräch, als Constance Wilde eintraf, um ihrem Gatten die Post zu bringen, da er selten zu ihr kam. Als sie ihn bat, er solle doch nach Hause kommen, meinte Wilde, er sei schon so lange nicht zu Hause gewesen, daß er die Straßennummer seines Hauses vergessen habe. Darauf brach die Ehefrau in Tränen aus und stürzte aus dem Raum.

Eine Freundschaft im Wettkampf mit der Liebe

Nachdem Wilde seine stürmische Beziehung mit Lord Alfred Douglas begonnen hatte, lösten sich verschiedene alte Freunde von ihm. Nicht alle waren bereit, eine unmißverständliche Erklärung für ihre Entscheidung zu geben. Der Schriftsteller Pierre Louÿs ließ allerdings keinen Zweifel daran, was die Ursache des Bruchs mit seinem langjährigen Freund betraf. Louÿs hatte eine tiefe Abneigung gegen Bosie, und je öfter er ihm begegnete, desto größer wurde diese Antipathie. Als der Franzose im Frühjahr 1893 in London zu Besuch war, schrieb er an seinen Bruder George nach Paris: »Oscar Wilde war mir gegenüber sehr charmant, ich habe fast jeden Tag mit ihm zu Mittag gegessen. Ich wäre allerdings froh gewesen, wenn er in anderer Begleitung erschienen wäre.« Drei Wochen danach, als Wilde und auch Louÿs wieder in der französischen Hauptstadt weilten, besuchte der Franzose den Dichter im Hôtel des Deux-Mondes. Das Treffen war eine Katastrophe. Pierre Louÿs war empört über Wildes Benehmen seiner Frau gegenüber. Er meinte, er habe bei der Behandlung seiner Gattin Grausamkeit an den Tag gelegt. All das sei Bosies Schuld, fügte er noch hinzu. Wilde gab zur Antwort, Louÿs solle doch nicht jedem kleinen Gerücht über Douglas und ihn Glauben schenken, und daß er ihm nicht das Recht zuspreche, ihn zu beurteilen. Der erzürnte Kritiker ereiferte sich zunehmend und schrie Wilde an, er habe gesagt, was zu sagen er gekommen sei, und Wilde müsse jetzt wählen zwischen einer weiteren »fatalen Verbindung« zu Bosie oder seiner Freundschaft mit ihm. Oscar entschied sich natürlich für seinen Liebhaber. Als der Franzose erzürnt die Tür aufriß, um sich davonzumachen, schickte ihm Wilde hinterher: »Ich wollte einen Freund haben, von nun an werde ich nur noch mit Liebhabern zusammensein.«

Kesse Sommerspiele

Für ihre ersten gemeinsamen Sommerferien begaben sich die frisch Verliebten am 12 Juni 1893 nach Goring-on-Thames, einem idyllischen Dorf, das in der Thames Valley, zwischen den Gebirgszügen der Chilterns und der Berkshire Downs liegt. Dort mieteten sie für eine Woche zwei Schlafzimmer und einen Salon im Miller of Mansfield Hotel. Bosie war von der Umgebung so entzückt, daß er Oscar dazu brachte, für die nächsten 12 Monate ein Cottage für 200 Guineas pro Jahr zu mieten. Das Haus mußte außerdem noch eingerichtet werden. Zwei Zofen, ein Butler, eine Köchin und ein Küchenmädchen wurden angestellt. Alles in allem eine sehr optimistische und teure Angelegenheit. Obwohl die beiden Dichter es darauf abgesehen hatten, in diesem paradiesischen Rahmen zu arbeiten, wurde in Goring doch eher gespielt und geruht. Es war ein heißer Sommer, und der Garten, in dem man sich unbekleidet herumtreiben konnte und in dem es einen Wasserschlauch gab, mit dem man sich gegenseitig abkühlen konnte, wurde zum Hauptspielplatz der Feriengäste.

An einem schönen, warmen Julinachmittag kam der Dorfpfarrer unangemeldet zu Besuch. Als er in den Garten trat, traf er auf Wilde, der ihn, nur mit einem Badetuch umschlungen, begrüßte. Der Pfarrer schien nicht sehr erfreut. In einem Brief an Frank Harris erzählt Wilde die Szene: »Du kannst Dir seinen Gesichtsausdruck unmöglich vorstellen.« Oscar grüßte den Geistlichen: »Wie schön, Sie hier zu sehen.« Und er zeigte alsbald auf Bosie, der splitternackt im Gras lag. »Sie sind gerade im richtigen Augenblick gekommen, um eine richtig griechische Szene zu genießen.« Der Gast schnappte nach Luft, wurde tief rot im Gesicht und flüchtete aus dem Garten – unter dem schallenden Lachen der zwei Nackten. Der Pfarrer verlor keine Zeit, diese griechische Szene im Dorf zu schildern.

Ein Kompliment im Superlativ

Weg von London, seiner Familie und den viktorianischen Gepflogenheiten, konnte sich Wilde in Paris entfalten und dabei sein Ansehen noch steigern. Man traf ihn in den besten Salons, er speiste vornehmlich mit jungen französischen Schriftstellern, Komponisten, Journalisten und Philosophen. Nachts verbrachte er oft Stunden in Cabarets und modischen Restaurants. Bald sah man ihn in ganz Paris, und ganz Paris bemerkte den nicht zu übersehenden Autor. Der amerikanische Dichter Stuart Merrill, der längere Zeit in Paris lebte, beschrieb den Iren als »gigantisch, glattrasiert und rosa, wie der hohe Priester des Mondes zu Heliogabalus' Zeiten. Im Moulin Rouge nahmen ihn die Stammgäste für den Prinzen eines wunderbaren nördlichen Gebiets.«

Eine rotbäckige und wohlgenährte Frau fragte Wilde, als sie ihn zum ersten Mal traf: »Herr Wilde, bin ich denn nicht die häßlichste Frau in ganz Paris?« Der Dichter antwortete mit einem charmanten Lächeln: »Nein, Madame, auf der ganzen Welt.«

Dem Publikum zu Ehren

Als das Publikum nach der Erstaufführung von Wildes *Lady Windermeres Fächer* am 20. Februar 1892 lange applaudierte und lautstark nach dem Autor rief, erschien dieser mit malvenfarbenen Glacéhandschuhen und einer grünen Nelke im Knopfloch auf der Bühne. Er wandte sich mit den Worten an das ekstatische Publikum: »Ladies und Gentlemen, ich habe diesen Abend sehr genossen. Die Schauspieler haben uns eine reizende Aufführung eines wunderbaren Stückes gegeben, und Ihre Würdigung war äußerst intelligent. Ich gratuliere Ihnen zum großen Erfolg ihrer Vorführung, die mich überzeugt hat, daß Sie fast so viel von dem Theaterstück halten, wie ich es tue.«

Im Dienste der Wohlerzogenheit

Lady Windermeres Fächer war ein gewaltiger Erfolg. Das St. James Theatre war stets ausverkauft. Der Intendant George Alexander stellte fest, daß das Parkett, die Galerien, die Sperrsitze und die Logen alle besetzt waren. »Mein lieber Alexander«, erwiderte Wilde, »der Grund ist einfach, Dienstboten belauschen die Gespräche in den Eßzimmern und Salons.

Sie hören, wie die Herrschaften über mein Stück reden, sie werden neugierig, und deshalb füllen sie Ihr Theater. An ihren perfekten Manieren erkenne ich, daß sie dem Dienstpersonal angehören.«

Dem Prinzen gehorchen

Am 19. April 1893 fand die Premiere von Oscar Wildes *Eine Frau ohne Bedeutung* statt, an der die Politiker Arthur James Balfour und Arthur Neville Chamberlain teilnahmen. Der Prinz von Wales erschien am darauffolgenden Abend zur zweiten Aufführung mit der Herzogin von Teck, die für ihr herzhaftes Lachen bekannt war. Den beiden gefiel das Stück ausgezeichnet, und der Prinz gebot Wilde: »Ändern Sie ja keine Zeile!« Wilde parierte: »Hoheit, Ihr Wunsch ist mir Befehl.« Zu Freunden meinte Wilde später: »Was für ein wundervolles Land, wo die Prinzen die Poeten verstehen.«

Die Zukunft liegt in seinen Händen

Oscar Wilde war bei Blanche Roosevelt eingeladen. Vor dem Essen sollten die Gäste ihre Hände durch einen Vorhang strecken, damit der seinerzeit berühmte Handleser Cheiro ihnen die Zukunft vorhersagen könnte. Als Wilde seine Hände hinhielt, fand Cheiro die Markierung beider Hände so unterschiedlich voneinander, daß er erklären mußte, beim Handlinienlesen würde die linke Hand die Vererbung anzeigen und die rechte die Entwicklung des Individuums.

Die linke Hand, die er vor sich hatte, versprach phantastische Erfolge, die rechte aber bevorstehenden Ruin. »Die linke Hand ist die eines Königs, aber die rechte ist die eines Königs, der sich selbst ins Exil verbannt.« Wilde, der sehr abergläubisch war, fragte voller Entsetzen: »Wann wird das sein?« Die Antwort lautete: »In ein paar Jahren, wenn Sie etwa vierzig sind.« Der damals achtunddreißigjährige Wilde verließ den Ort ohne ein weiteres Wort.

Verlaine, der Außenseiter

Die Opernsängerin Emma Calvé erzählte, daß Wilde Ende 1893 die Gastgeberin einer großen Party fragte, ob er einen französischen Poeten, der im Gefängnis gewesen sei, mitbringen könne. Sie stimmte zu, und der Dichter entpuppte sich als Paul Verlaine. Wilde spornte ihn an, eines seiner Gedichte über seine Erfahrungen im Gefängnis vorzutragen. Verlaines Worte, so Emma Calvé, rührten die Anwesenden zutiefst. Wilde, dem ähnliche Erfahrungen noch bevorstanden, war stolz und spendete ebenfalls heftigen Beifall.

Die Vorsicht eines Malers

Degas traf Wilde in Paris im Jahre 1895. Um dem französischen Maler zu schmeicheln, fragte Wilde: »Wissen Sie, wie bekannt Sie in England sind?« Worauf Degas antwortete: »Zum Glück weniger als Sie. So viel Geschmack führt noch ins Gefängnis.«

Kein Porträt von Oscar Wilde

Der Marquess von Queensberry, Alfred Douglas' Vater, hatte in Wildes Londoner Club seine Visitenkarte mit einer handschriftlichen Notiz für den Liebhaber seines Sohnes hinterlegt, in der er ihn bezichtigte, ein »Sodomit und Kuppler« zu sein. Wilde beschuldigte ihn daraufhin der Verleumdung, doch seine Freunde, unter ihnen Frank Harris, mit dem Wilde auch eine Liebesbeziehung hatte, mahnten ihn zur Vorsicht. Er solle den Fall nicht gerichtlich verfolgen. Aber Wilde antwortete Harris: »Ich kann das nicht, ich kann das nicht, du quälst mich nur mit deiner Katastrophen-Voraussage.« Der Maler Toulouse-Lautrec, der sich zu dieser Zeit in London aufhielt, fand Wilde noch immer äußerlich zuversichtlich und seinen britischen Zeitgenossen gegenüber verächtlich. Doch seine innere Anspannung zeigte sich in der Tatsache, daß sich der ansonsten narzißtische Wilde bei dieser Gelegenheit nicht von Toulouse-Lautrec porträtieren ließ.

Der Wert eines Liebesbriefes

Ein Liebesbrief, den Wilde an Lord Alfred Douglas geschrieben hatte, fiel in die Hände eines Erpressers. Als jener Wilde mitteilte, daß er für dieses Schreiben sechzig Pfund geboten bekommen habe, forderte Wilde ihn auf: »Nehmen Sie meinen Rat an, gehen Sie zu diesem Mann und verkaufen Sie den Brief für sechzig Pfund. Ich selber habe noch nie eine solche Summe für ein Stück Prosa dieser Länge erhalten, aber ich bin sehr froh zu hören, daß es in England jemanden gibt, der findet, einer meiner Briefe sei sechzig Pfund wert.« Der Erpresser war verblüfft und meinte: »Der Mann ist im Moment auf Reisen.« Wilde konterte, der Mann müsse ja irgendwann zurückkehren, und spornte den jungen Delinquenten noch an, sich die sechzig Pfund bei dem Mann unbedingt zu holen. Wenig später wurde der Brief mit der Entschuldigung des vermeintlichen Erpressers an seinen Autor zugeschickt.

Die Genese von Salome

Während seines dritten Aufenthalts in Paris, im Jahr 1891, als Wilde mit einer Gruppe französischer Schriftsteller zu Mittag aß, unterhielt er seine neuen Freunde mit der Geschichte von Salome. Seine Zuhörer waren von Wildes glänzenden Improvisationen zur biblischen Geschichte dermaßen in den Bann gezogen, daß er sein Thema bis zum Nachtisch ununterbrochen weiterflechten konnte. Sobald er in sein Zimmer in der Rue des Capucines zurückgekommen war, bemerkte er einen leeren Notizblock, der auf dem Tisch lag. Und weil dieses Büchlein dort lag, griff er zur Feder und fing an, die Erzählung niederzuschreiben, in derselben Sprache, in der er sie mündlich vorgetragen hatte – nämlich auf Französisch. Jahre später berichtete er dem Irisch-Amerikaner Vincent O'Sullivan, einem international bekannten Autor von Horrorgeschichten: »Hätte das leere

Büchlein nicht dort gelegen, wäre es mir nie in den Sinn gekommen, die Geschichte zu schreiben. Ich hätte niemals einen Diener geschickt, um eins zu kaufen.«

Wilde schrieb in einem Zug, mehr als vier Stunden, wie in Trance, was, folgt man seinem Freund Marcel Schwob, damit zu tun haben könnte, daß Oscar zu der Zeit Opiumzigaretten zu rauchen pflegte. Da es unterdessen schon 22 Uhr und der Schriftsteller hungrig war, verließ er seinen Schreibtisch und ging zum Grand Café, das sich in der Nähe befand, um zu essen. Als er eine kleine Mahlzeit bestellt hatte, begann ein Zigeunerorchester zu spielen. Der Gast winkte den Dirigenten zu sich und informierte ihn: »Ich bin gerade dabei, ein Theaterstück zu schreiben, das von einer Frau handelt, die mit nackten Füßen im Blut eines Mannes tanzt, den sie begehrte und umgebracht hat. Ich würde es schätzen, wenn sie etwas spielen könnten, daß mit meinen Gedanken harmoniert.« Die Zigeunertruppe spielte eine solch wilde, unheilvolle Musik, daß alle Anwesenden erbleichten und sich fragend anschauten. Nach seinem Mahl ging Wilde zurück zu seinem Notizblock und vollendete das Stück noch in der gleichen Nacht.

Ein kritisches Geschenk

Für seine *Salome* ließ sich Wilde von Stéphane Mallarmés unvollendetem Gedicht »Hérodiade« inspirieren. Als ein Journalist ihn, nachdem er viele

Jahre später aus dem Gefängnis entlassen worden war, nach seiner Einschätzung des französischen Dichters befragte, meinte Wilde: »Mallarmé ist ein Poet, ein wahrer Poet. Aber ich bevorzuge es, wenn er auf Französisch schreibt, weil er in dieser Sprache unverständlich ist; auf Englisch ist er es aber leider nicht. Unverständlichkeit ist eine Gabe, die nicht jeder hat.«

Zirkusdressur

Im März 1893 fingen im Haymarket Theater in London die Proben zu Wildes Stück *Eine Frau ohne Bedeutung* an, mit Herbert Beerbohm Tree in der Hauptrolle. Der Schauspieler Fred Terry sollte den unschuldigen Gerald Arbunthnot spielen und hatte sich vorgenommen, ihn als einen Mann von Welt darzustellen. Als Wilde ihm erklärte, das ginge wohl für einen naiven Menschen wie Arbunthnot nicht, meinte der junge Akteur: »Ach, wissen Sie, Herr Wilde, Sie können ein Pferd zum Brunnen führen, aber zum Trinken können Sie es nicht zwingen.« Wilde antwortete: »Nein, Terry. Aber Sie haben einen Zirkus. In diesem Zirkus ist ein Ring. Ein Pferd kommt in diesen Ring und nähert sich einem Wassertrog. Der Ringmeister gibt einen Peitschenknall und sagt: ›Trink!‹, und das Pferd trinkt. Dieses Pferd, Terry, ist der Schauspieler.« – »So, Herr Wilde«, konterte der Darsteller, »Sie vergleichen die Bühne mit einem Zirkus.« – »Und diese Metapher haben Sie eingeführt«, schloß Wilde. Die beiden gingen anschließend gemeinsam essen, um die angespannte Situation zu klären. Nach einer Weile kam das Gespräch auf Charles Dickens, und Terry bekundete seine Verehrung für ihn. Oscar begann, mit großem Enthusiasmus von den Personen in Dickens Romanen zu sprechen. Terrys Feindseligkeit verschwand im Nu, und er konnte nicht umhin, Wilde zu offenbaren, es sei eine große Freude, jemanden gefunden zu haben, der Dickens so sehr mochte wie er. »Oh, mein teuerster Junge, ich habe noch nie in meinem Leben ein einziges Wort von ihm gelesen«, gestand Wilde.

Blattläuse auf den Sommerblumen

Der Verleger William Heinemann bat Oscar Wilde, die Einführung für zwei ins Englische übersetzte Stücke von Maurice Maeterlinck zu schreiben. Am 16. Oktober 1891 erschien Wilde beim Auftraggeber zum Lunch, um das Projekt zu besprechen. Zu Heinemanns Verblüffung trug sein Gast tiefste Trauerkleidung und ließ einen bekümmerten Ausdruck erkennen. Nach dem Grund dieser Trauer befragt, antwortete der Siebenunddreißigjährige: »Heute ist mein Geburtstag, und ich trauere (wie ich das fortan jedes Jahr am Jahrestag tun werde), um die Flucht eines Jahres meiner Jugend ins Nichts, um den wachsenden Schaden an meinem Sommer.«

Queensberrys erstes Opfer

John Sholto Douglas, der 9. Marquess von Queensberry, hatte neben Alfred zwei weitere Söhne. Wildes Liebhaber war der jüngste, jedoch nicht der einzige, der eine Beziehung mit einem Mann eingegangen war. Francis Archibald Douglas Viscount Drumlanrig war Bosies ältester Bruder und der persönliche Assistent und Sekretär von Lord Archibald Philip Primrose Rosebery, dem englischen Premierminister. Es kam Queensberry zu Ohren, daß sein Sohn, der den Adelstitel übernehmen sollte, mit Lord Rosebery eine sehr enge Beziehung hatte, manche sagten auch, sie würden öfter im selben Bett übernachten. Der Marquess, der im höchsten Maße antisemitisch war, hatte nun zwei Gründe, sich gegen den Premier zu ereifern. Der erzürnte Adelige schrieb an Lord Rosebery und drohte, ihn als homosexuell bloßzustellen, falls er nicht umgehend von seinem Amt zurückträte und seine Beziehung zu Drumlanrig abbrechen würde. Falls Queensberry wirklich die Liebesbeziehung des Premierministers mit seinem Sekretär an die Öffentlichkeit bringen würde, bedeutete das für das Paar das Ende ihrer politischen Karrieren. Um die Situation etwas zu entschärfen und sich einen Anschein von »Normalität« zu geben, gab der Viscount seine Verlobung mit Alix Ellis bekannt. Als er erkennen mußte, daß dies nicht genügen würde, um seinen Freund zu retten, beschloß Bosies Bruder, Selbstmord zu begehen und es so anzustellen, daß es als Jagdunfall abgetan werden könnte.

Am Donnerstag, dem 18. Oktober 1894 hörte eine Schar von Jägern einen einzelnen Schuß. Als man Drumlanrig etwas später fand, lag er tot in einer Hecke, anscheinend mit Kopfschuß. Die gerichtliche Untersuchung ergab einen Unfall. Der Report des Arztes, der am Unfallort war, läßt jedoch darauf schließen, daß das Opfer den Lauf des Gewehres im Mund hatte, als der Schuß losging.

Die ersten väterlichen Ausbrüche

Obwohl der Marquess von Queensberry sich von Anfang an der Beziehung seines jüngsten Sohnes mit Oscar Wilde heftig widersetzte, aß er zweimal mit dem Paar im Café Royal in Piccadilly. Beide Mahlzeiten waren das Resultat eines zufälligen Treffens, und obwohl man vom erzürnten Vater das Schlimmste erwarten konnte, vermochte es Wilde sogar, ihn charmant zu umgarnen. Wilde war über diese letzte Begegnung sehr zufrieden und dachte schon, er hätte den Aristokraten vollends beruhigt. Nur wenige Tage später brach jedoch die Katastrophe herein. Unglücklicherweise erspähte Queensberry die beiden in einer Droschke. In einer Aussage gegenüber seinem Anwalt erklärt Bosies Vater, wie er im Carter Hotel am Fenster stand und eine Kutsche vor dem Albermarle Club halten sah, der gerade neben seinem Hotel lag. Wilde und sein Sohn saßen im Gefährt, und der Marquess mußte entsetzt mit ansehen, wie Wilde Bosie »liebkoste« auf eine Art, die er als »effeminiert und undezent« empfand.

Queensberry schrieb beiden sofort einen Brief und verlangte, sie sollten umgehend ihre Freundschaft auflösen. Er unterschrieb dies mit: »Dein angeekelter sogenannter Vater.«

Am 1. April 1894 schrieb der Vater seinem Sohn, um ihn nach seiner Intimität mit »diesem Mann Wilde« zu befragen: »Es muß entweder aufhören, oder ich werde Dich enterben und jede finanzielle Unterstützung stoppen. Ich werde nicht versuchen, diese Intimität zu analysieren, und ich treffe keine Beschuldigungen; aber in meinem Verständnis ist es genau so schlecht, sich als etwas auszugeben, als es auch wirklich zu sein. Mit meinen eigenen Augen habe ich euch beide in der widerlichsten und abscheulichsten Beziehung gesehen. Ich habe in meinem ganzen Leben noch nie so etwas gesehen wie das, was ich in euern fürchterlichen Zügen entdeckt habe.«

Rosa Prophezeiungen

Seit seiner Kindheit in Irland hatte sich Wilde für Mythen und Legenden interessiert. Jetzt, da die Situation mit Bosies Vater mehr und mehr bedrohlich wurde, wandte sich das Paar zunehmend dem Okkulten zu. Anfang 1894 schrieb er: »Ich liebe abergläubische Praktiken. Es sind die farblichen Elemente der Gedanken und der Phantasie.« Als der Intendant und Schauspieler George Alexander ihn fragte, ob er an Handleser glaube, antwortete dieser: »Immer ... Wenn sie Gutes prophezeien.«

Die beiden vom Marquess von Queensberry Belauerten suchten jemanden, der ihnen eine gute und verheißungsvolle Zukunft vorhersagen würde. Sie fanden auch bald eine Frau Robinson, die sie wegen ihrer Adresse »die Sibylle von Mortimer Street« nannten. Als Wilde sie befragte, wie sich die Situation mit Bosies Vater entwickeln würde, sagte ihm die Wahrsagerin, es werde sich bald alles zum Besten wenden.

Die Männlichkeit des Marquess wird angezweifelt

Wenn der Marquis von Queensberry sich nicht gegen die sexuellen Neigung zweier seiner Söhne ereiferte, widmete er sich zumeist seinem Lieblingssport, dem Faustkampf. Er war auch Jockey und Radfahrer. Seine Glanzleistung bestand jedoch darin, 1866 die Kampfregeln für das Amateurboxen aufgestellt zu haben. Die Queensberry-Regeln beinhalteten außer den Verhaltensnormen im Ring auch eine Einstufung der Gewichtsklassen. Die bekannteste der »Queensberry Rules« besagt, daß die Kämpfer den Gegner nicht unter die Gürtellinie schlagen dürfen. Es scheint so, als ob der Marquess seine Gesetzte in seiner ersten Ehe selbst nicht eingehalten hätte. Seine erste Frau reichte die Scheidung ein – wegen Gewalttätigkeit. Die drei Söhne wurden der Mutter zugesprochen. Auch nach der Scheidung waren die Eltern auf Distanz und im fortlaufenden Zweikampf.

Nur wenige Tage nach dem Tode seines ältesten Sohnes erwirkte Queensberrys zweite Frau eine Annullierung der Ehe wegen Impotenz. Sie meinte, ihr Mann sei körperlich unfähig, die Ehe zu vollziehen. Für einen viktorianischen Adeligen, der sich durch Sport und Virilität definierte und der auch sonst keine Interessen hatte und keinen Beruf ausübte, waren diese Angriffe weiterhin Ansporn, seinen Wutausbrüchen und Gewalttätigkeiten freien Lauf zulassen.

Die Bedeutung der grünen Blumen

Ende Februar 1892 fand im St. James Theatre in London die Uraufführung von *Lady Windermeres Fächer* statt. Wilde wollte den ganzen Abend als ein unvergeßliches Schauspiel inszenieren. Der Clou der Choreographie bestand darin, etwa ein Dutzend junger Männer, die mit grüner Nelke im Knopfloch erscheinen würden, strategisch im Publikum zu plazieren. Oscar bat den Freundeskreis, zum Blumenhändler Goodyear in den Royal Arcades zu gehen und dort eine dieser Blumen für den Tag der Premiere zu bestellen. Der Maler und Illustrator Walford Graham Robertson war leicht verwirrt: »Eine grüne Nelke?« – »Ich weiß«, antwortete der Dramatiker, »es gibt gar kein solches Ding, aber irgendwie bringen sie es dort zustande, wahrscheinlich färben sie

sie. Ich will, daß eine Anzahl von Männern sie morgen trägt – dies wird das Publikum ärgern.«

Robertsons Verwirrung nahm zu: »Aber wieso soll das Publikum geärgert werden?« Wilde antwortete schmunzelnd: »Es liebt es, geärgert zu werden. Ein junger Mann im Publikum wird eine grüne Nelke tragen; die Leute werden sie anstarren und sich wundern. Danach werden sie sich im Publikum umschauen und hie und da mehr und mehr Flecken dieses mystischen Grüns sehen. ›Das muß ein geheimes Symbol sein‹, werden sie sagen: ›Was kann es wohl bedeuten?‹«

Darauf fragte ihn der Maler ganz verwundert: »Und was bedeutet es denn?«

Wilde lachte: »Überhaupt nichts, aber gerade das wird niemand erraten.«

Später beteuerte Wilde, die mystische grüne Nelke sei seine Idee gewesen: »Ich habe diese wunderbare Blume erfunden.« Tatsächlich kannte man sie aber schon in Paris, wo Urninge, Männer, die gleichgeschlechtlich liebten, sie schon im Sommer 1891 zum Symbol ihrer Eigenheit gemacht hatten. Bereits ein paar Jahre zuvor waren in der französischen Lichterstadt grüne Krawatten als Erkennungszeichen von homosexuellen Männern getragen worden.

Die Ernsthaftigkeit der Ehe

Alfred Taylor, der verstoßene Sohn eines Kakaohändlers und Zuhälter von Strichjungen, machte 1892 Wildes Bekanntschaft durch Maurice Schwabe, den Neffen des zweiten Kronanwaltes Ihrer Majestät Königin Viktoria. Taylor hatte einen speziellen Freund, Charles Spurrier Mason, ein fünfundzwanzigjähriger Stricher, den er während einer Zeremonie 1893 »heiratete«. Taylor trug das Brautkleid, und zwei Ringe wurden zwischen dem Paar ausgetauscht. Der französische Schriftsteller und Freund Wildes, Pierre Louÿs, war von diesem Ereignis so verblüfft, daß er André Gide davon enthusiastisch berichtete: »Eine Hochzeit, eine echte Hochzeit, zwischen zwei Männern, und Ringe wurden ausgetauscht, und so weiter.« Wilde hingegen, der dem Ganzen beigewohnt hatte, war zurückhaltender und meinte nur: »Ich hoffe, die Ehe hat euch nicht zu ernsthaft gestimmt. Auf mich hat sie jedenfalls nie diese Wirkung gehabt!«

Kein Rauch ohne Feuer

Einer der ersten jungen Männer, die Taylor Wilde vorstellte, war Sidney Mavor. Wilde lud Taylor und den Jugendlichen zum Essen in eine private Suite bei Ketner in Soho ein. Nach der Mahlzeit begleitete Sidney seinen neuen Freier zu seinem Zimmer im Hotel Abermarle, in der Nähe von Piccadilly. Es ist anzunehmen, daß beide die Nacht zusammen verbrachten. Einige Tage später erhielt ein erstaunter

Mavor ein silbernes Zigarettenetui mit der Inschrift: »Sidney, von O.W. Oktober 1892.« Das Etui kostete vier Pfund, elf Schillinge und sechs Pence und war eines der ersten von vielen solcher Geschenke, die Oscar seinen Jünglingen präsentierte. Während des Gerichtsverfahrens gegen ihn sagte Wilde aus, er habe 1892 und 1893 sieben oder acht solcher Etuis an junge Männer verschenkt. Was sehr wahrscheinlich eine ziemlich große Untertreibung war. Auch nicht jedes dieser Andenken war soviel wert. Für die meisten bezahlte er nur ein Pfund. Bosies war natürlich aus reinem Gold geschmiedet. Als Wilde verhaftet und zur Bow Street Polizeistation gebracht wurde, fand man in seinen Taschen mehrere Vorladungen wegen unbezahlter Rechnungen für silberne Zigarettenetuis.

Eine unerlaubte Biographie

Als Alfred Douglas mit Reggie Turner und Fred Benson Anfang des Jahres 1894 eine Kreuzfahrt auf dem Nil unternahm, lernte Bosie den Journalisten Robert Hichens kennen. Hichens, der ebenfalls gleichgeschlechtliche Beziehungen hatte, diese aber mit äußerster Diskretion lebte, war von Bosies unverhohlenem Benehmen und von seiner blonden Schönheit fasziniert. Die beiden wurden Freunde. Es ist jedoch anzunehmen, daß diese Beziehung platonisch war, da der Journalist bedeutend älter als Douglas und zudem nicht gerade eine strahlende Schönheit war. Auf Hichens Drängen machte Bosie ihn im selben

Frühjahr mit Oscar Wilde bekannt. Sie trafen sich zu dritt im Café Royal in London. Wilde war von dem Journalisten sofort begeistert, obwohl er später erklärte, er sei »ohne jeden Hauch von körperlicher Schönheit«.

Robert Hichens verbrachte viel Zeit mit dem Paar und verwendete seine Beobachtungen in seinem Buch, *Die Grüne Nelke,* das am 15. September 1894 anonym veröffentlicht wurde. Das Werk präsentierte sich als scheinbar reine Erfindung, doch war es in London einem jeden klar, daß es auf Fakten basierte. Vieles las sich wie ein Kommentar zum Leben von Wilde und Douglas. Frank Harris ging sogar so weit zu sagen, »es war eine Art von Photographie von Oscar«. Wildes und Bosies Antwort auf *Die Grüne Nelke* war tiefstes Schweigen. Sie wußten, daß es keine andere Möglichkeit gab, denn jede Äußerung wäre als ein Eingeständnis gedeutet worden, daß sie die Protagonisten des Romans seien. Während der nächsten Wochen versuchten sie herauszufinden, wer dieses enthüllende Porträt geschrieben hatte. An Details war zu erkennen, daß es jemand aus ihrem Freundeskreis sein mußte. Zuerst beschuldigten sie Ada Leverson, den Judas gespielt zu haben. Als sie jedoch erfuhren, wer der wahre Autor war, schickten sie ihrer von ihnen »Sphinx« genannten Freundin ein Entschuldigungstelegramm. Und sie brachen jeden Kontakt mit Hichens ab. Wilde nannte ihn »einen zweifelnden Jünger.«

Am 17. Januar 1895 verließen Wilde und Douglas London, um in Algerien Ferien zu machen. Das Paar weilte zuerst in Algier, dann bis zum 3. Februar in Bildah. In einem Brief an seinen Freund Robert Ross kommentiert Wilde: »Hier haben die Bettler solche Profile, daß das Problem der Armut leicht zu lösen ist.« André Gide schreibt in seiner Biographie *Si le grain ne meurt*, er sei in Blidah angekommen, einer Stadt, 50 Kilometer entfernt von Algier, die viel und oft von Engländern besucht wurde, die auf Sex mit Knaben erpicht waren. Als man ihm das Hotelregister reichte, damit er sich eintragen könne, sah der Franzose zu seinem Entsetzen, daß sich Wilde und Bosie bereits auf der aufgeschlagenen Seite verewigt hatten. Gide hatte kurz zuvor begonnen, seine Homosexualität auszuleben, war jedoch nicht bereit, dies in aller Öffentlichkeit und neben solch verrufenen Gestalten zu tun. Demzufolge war seine erste Reaktion, dem Gepäckträger zu winken und wieder abzureisen. Nach kurzem Bedenken besann er sich jedoch und beschloß, in diesem Hotel abzusteigen und die beiden zu treffen.

Als Gide sein Erstaunen über Wildes Anwesenheit kundtat, meinte der Ire: »Ich fliehe die Kunst und will nur noch die Sonne anbeten. Haben Sie schon bemerkt, wie die Sonne jeden Gedanken verachtet, wie sie ihn zum Rückzug zwingt, so daß er im Schatten Zuflucht sucht? Einst lebten die Gedanken in Ägypten; dann eroberte die Sonne Ägypten. Lange

Zeit lebten sie danach in Griechenland, und die Sonne eroberte Griechenland. Dann Italien und dann Frankreich. Heute sind alle Gedanken bis nach Norwegen und Rußland zurückgewichen, wo die Sonne nie hinkommt. Die Sonne ist auf die Kunst eifersüchtig«, meinte Wilde spitzfindig.

André Gides Kuppler

Nach ein paar Tagen in Blidah reisten Wilde und Gide wieder nach Algier. Douglas hatte sich erneut heftig mit Oscar zerstritten und nahm einen jungen Algerier mit nach Biskra, um dort einige Wochen mit ihm zu verbringen. Als die beiden Schriftsteller in einem Café in der algerischen Hauptstadt saßen und die Zeit verging, bekannte Oscar: »Ich bin es mir schuldig, mich wahnsinnig zu amüsieren.« Später fügte er hinzu: »Nicht Glück. Vor allem nicht Glück. Vergnügen! Man muß immer auf die größere Tragik setzen.« Sie bezahlten und verließen die Terrasse. Wilde führte den Franzosen zu einem weiteren Etablissement, wo er bemerkte, wie Gide von einem arabischen, flötespielenden Jüngling fasziniert war. Als sie wieder draußen standen, fragte ihn Wilde, ob er den Knaben haben möchte. Gide errötete heftig und stieß ein verschämtes »Ja« aus. Ein satanisches Lachen brach aus Wilde hervor. Er drehte sich um und machte sich daran, den Jungen für Gide zu besorgen.

Die französische Version einer gemeinsamen Nacht in Algier

André Gide gab in seinem Buch *Oscar Wilde* seine eigene Version seiner »Verführung« durch Wilde in Algier. Nachdem er ihm gestanden hatte, daß er den Flötenspieler in der Kneipe gerne näher kennengelernt hätte, ging der Ire und organisierte das Ganze. Er hatte auf einmal einen Schlüssel für zwei Zimmer im 2. Stock. Ihr Fremdenführer erschien mit zwei Jünglingen. Gide und Mohammed, der Flötenspieler, gingen in das eine Zimmer, während Oscar mit einem anderen jungen Musikanten im anderen Gemach verschwand. Gide beschreibt eine seiner ersten Nächte mit einem Mann als »von Freude überkommen, während ich in meinen bloßen Armen diesen perfekten, wilden Körper hielt, so dunkel, so feurig, so lasziv«. Er habe in dieser Nacht fünf Orgasmen gehabt und ein paar weitere, nachdem der Junge wieder gegangen sei. Der Franzose erklärte, dies sei die tiefste, wichtigste und potenteste sexuelle Erfahrung seines Lebens gewesen. »Seither, jedesmal wenn ich Freude gesucht habe, war es die Erinnerung dieser Nacht, die ich verfolgt habe«, schrieb André Gide ein Vierteljahrhundert danach.

Gide wurde bezichtigt, diese sexuelle Eskapade in Wildes Gegenwart in Algier erfunden oder übertrieben zu haben. Bosie war einer der lautesten Kritiker. 1929 schrieb er Gide: »Ich habe versucht, Ihr Buch zu lesen, aber ich muß ehrlich sagen, ich finde es häßlich, schäbig und langweilig.« Douglas gab an,

Gides Version der Ereignisse in Algier sei auf »einer Menge von Lügen und Verdrehungen, auf eine plumpe Fabrikation von Lügen aufgebaut und nur auf einem kleinen Boden von Wahrheit.«

Ein ungewolltes Geschenk

Die Rückkehr aus Algerien am 31. Januar 1895 verlief ziemlich überstürzt und kam unerwartet, war Wilde doch erst am 17. Januar nach Nordafrika gereist. Sein Krach mit Bosie in Algier war ein möglicher Grund. Es ist aber durchaus möglich, daß Wilde dort mit Gonorrhöe infiziert wurde. In diesem Falle mußte eine frühestmögliche Behandlung erfolgen, und Wilde hätte es sicher bevorzugt, dies in London zu tun. Es gibt einige unbezahlte Rechnungen, die darauf schließen lassen, daß er Patient des Spezialisten Dr. Lanphier Vernon Jones war, und dies während der ganzen drei Monate vor seinem Gerichtsverfahren. Wildes eigentlicher Arzt war Dr. Charles de Lacy. Da Antibiotika noch nicht entdeckt worden waren, ging es bei der Bekämpfung dieser Krankheit darum, den Patienten teilweise zu vergiften – mit Zink, Aluminium und sogar dem Trinken von Terpentin. Die Behandlung mußte über Wochen, manchmal Monate erfolgen und hatte doch selten Erfolg.

Der erste und größte Fehler

Nachdem der Marquess von Queensberry seine Karte, auf der er Oscar als Zuhälter und Sodomiten beschimpfte, in Wildes Club hinterlassen hatte, saßen Bosie, Robert Ross und Wilde zusammen, um ihr weiteres Vorgehen zu besprechen. Jahre nach dem Prozeß schoben sich die drei Freunde gegenseitig die Schuld an dem Ganzen in die Schuhe. Es war aber so, daß alle drei dachten, man müsse dem Treiben des cholerischen Aristokraten ein Ende setzen. Bosie ereiferte sich am meisten. Sein Vater müsse gestoppt werden, am besten vor Gericht geschleift und wenn möglich wegen Verleumdung ins Gefängnis gebracht werden. Nach einer langen und erhitzten Diskussion im Café Royal wurde beschlossen, sofort zum Anwalt Charles Humphreys zu gehen, um alles einzuleiten. Da jedoch Queensberrys Beleidigung mehr oder weniger der Wahrheit entsprach, war eine Veröffentlichung nicht gesetzwidrig. Nur Robbie Ross scheint sich dieser Tatsache bewußt gewesen zu sein. Als er den beiden Freunden vorschlug, sie sollten den Anwalt darüber informieren, daß die Behauptungen stimmten, wollten Oscar und Bosie nichts davon hören. Später schrieb Wilde, er sei mehr oder weniger gezwungen worden, gegen seine bessere Einsicht, auf die Beschuldigungen des Marquess hin ein Gerichtsverfahren zu verlangen.

Die erste von vielen Unwahrheiten

Nach der verschwörerischen Diskussion im Café Royal gingen Wilde, Bosie und Ross zu Oscars Anwalt. Sie zeigten Charles Humphreys die beleidigende Visitenkarte, die der Marquess im Club hinterlegt hatte. Humphreys hörte sich die Geschichte genauestens an und untersuchte das schriftliche Beweisstück aufs sorgfältigste. Der Jurist kam zu dem Schluß, es wäre möglich, gegen Queensberry ein Verfahren wegen schriftlicher Verleumdung einzuleiten. Aber bevor er damit anfangen könne, müsse er eine äußerst wichtige Frage stellen: War in diesem Schreiben überhaupt kein wahres Wort, und könne Wilde sein Ehrenwort geben? Darauf versicherte ihm sein Klient, nichts an der Beschuldigung sei wahr.

Eine Definitionsfrage

Humphreys brachte Wilde danach zum Rechtsanwalt Sir Edward Clarke, der Parlamentsmitglied war und das Verfahren für Wilde vor Gericht bringen würde. Clarke war einer der höchstangesehenen Anwälte des Königreichs. Nachdem er sich den Fall angehört hatte, wandte er sich mit den folgenden Worten an Wilde: »Ich kann Sie vor Gericht nur vertreten, Herr Wilde, wenn Sie mir versichern können, mit ihrem Ehrenwort als ein englischer Gentleman, daß es keine Basis gibt oder je gab für die Beschuldigungen, die gegen Sie erhoben werden.« Wilde gab sein Ehrenwort, daß Queensberrys Anschuldigungen »völlig falsch und grundlos« seien.

Als Erklärung für Wildes Verhalten könnte man vielleicht anmerken: Wilde war kein englischer Gentleman, sondern ein irischer, und wie er es selbst einmal verkündete: »Das ist etwas ganz anderes.«

Der Marquess greift die Regierung an

Am Tage nachdem Queensberry seine beleidigende Visitenkarte im Albemarle Club hinterlassen hatte, berief Lord Rosebery, der britische Premier, eine außerordentliche Sitzung seines Kabinetts ein. Er informierte seine Kollegen, er habe sich entschlossen, sein Amt niederzulegen. Weiterhin erklärte das Regierungsoberhaupt, daß er, nachdem er in einer Debatte im Unterhaus am Vortage von Mitgliedern seiner eigenen Partei angegriffen worden war, glaube, er könne nicht mehr mit der vollen Unterstützung seiner Partei rechnen und müsse deshalb zurücktreten. »Weiß Gott habe ich dieses Amt nie gesucht, und ich hätte alles getan, was ehrbar ist, um es zu vermeiden, und ich gebe es auf ohne jegliches Bedauern.«

Zwei Tage nach dieser Sitzung wurde Rosebery von seinen Kabinettkollegen überzeugt, seinen Schritt rückgängig zu machen. Es kann nicht mit Sicherheit behauptet werden, der Rücktritt habe etwas mit der Affäre Oscar Wilde zu tun. Später, während des ersten Gerichtsverfahrens, in dem der Schriftsteller der Ankläger und der Marquess der Angeklagte waren, kamen Gerüchte auf. So sagte Paul Villars, der für *Le Figaro* und das *Journal des Débats* in Paris schrieb, der

Name des englischen Premiers sei, einem der Geschworenen zufolge, im Verfahren mit dem Wildes verknüpft worden.

Schutzmänner gehen ins Theater

Der erzürnte Marquess von Queensberry suchte die beste Gelegenheit, um einen großen, öffentlichen Skandal über Wildes Beziehung zu seinem Sohn zu inszenieren. Die Premiere von *Ernst – und seine tiefere Bedeutung* im Februar 1895 erschien ihm als der ideale Anlaß dafür. Am 14. Februar, dem Sankt Valentinstag, würde die beste Londoner Gesellschaft im St. James Theatre sitzen. Queensberry wollte den Schluß der Vorstellung abwarten, und wenn der Autor auf die Bühne käme, wäre für den schockierten Vater der Moment aufzustehen, vor das Publikum zu treten und Wilde als einen Sodomiten und den Verführer seines jüngsten Sohnes anzuprangern. Als der Intendant von diesem Vorhaben Wind bekam, schickte er dem Marquess seine Platzkarte zurück mit der Entschuldigung, es sei eine Verwechslung eingetreten und leider habe er im ganzen Theater keinen weiteren Platz frei. Um sicher zu sein, daß der jähzornige Vater nicht trotzdem erscheinen würde, beauftragte er sogar Scotland Yard, einen Polizeikordon vor dem Eingang aufzustellen. Die Maßnahmen erwiesen sich als erfolgreich, und die Blamage blieb aus. Trotzdem war der Dramatiker äußerst nervös. Er hatte deshalb zunächst vor, nach der Aufführung nicht auf die Bühne zu gehen. Einem der Schauspieler erklärte Wilde: »Ich glaube nicht, daß ich heute auf die Bühne gehen werde. Sehen Sie, das letzte Mal, als ich es tat, das war vor nicht einmal einem Monat im Haymarket Theatre [die Premiere von *Ein idealer Ehemann*]. Man hat wirklich das Gefühl, man sei eine deutsche Kapelle.«

Ein vergeßlicher Killer

In den ersten Tagen des Jahres 1895 zog Wilde in das Albemarle Hotel, das in der Nähe der beiden Theater lag, wovon in einem am 3. Januar die Premiere des Stücks *Ein idealer Ehemann* mit größtem Erfolg stattfand, und im anderen die Proben zu *Ernst – und seine tiefere Bedeutung* schon liefen und für das die Erstaufführung im Februar geplant war. Das Hotel war bestens geeignet, junge Männer in seine privaten Gemächer einzuladen. Die Schriftstellerin Ada Leverson bemerkte, sie hätte, während eines Besuchs im Albemarle ein paar Tage nach der ersten Aufführung von *Ein idealer Ehemann,* auf dem Tisch in Wildes Zimmer ein Messer liegen sehen. »Ich fragte ihn, wer es dort liegengelassen habe«, erklärte sie viele Jahre nach dem Vorfall. »›Oh, ein gedankenloser Mörder‹, antwortete er.«

Keine Schicksalsreparaturen

In den Tagen vor dem ersten Gerichtsverfahren änderte sich Wildes Laune ständig. Einmal war er optimistisch und versicherte allen, die sich um ihn versammelten, um ihn zu unterstützen, daß er den

Marquess besiegen würde. Nur wenige Stunden später stürzte er in einen tiefen Pessimismus. Um Klarheit über seine zukünftige Situation zu gewinnen, beschloß er Cheiro, den Handleser, den er zwei Jahre zuvor so bestürzt verlassen hatte, zu besuchen, um ihn nach seiner Zukunft zu befragen. Würde die erste Prophezeiung noch gelten, oder hatte sich in der Zwischenzeit etwas verändert? »Ich erklärte ihm, es sei noch immer das Gleiche«, schrieb Cheiro. Er fügte aber hinzu, Wildes starke Erfolgssträhne könne sicherlich nicht einfach so gebrochen werden. Der Ire hörte sich dies an und meinte nur: »Mein lieber Freund, Sie wissen doch sehr wohl, daß das Schicksal auf seinen Straßen keine Bauarbeiter beschäftigt.«

Der Erpresser und die Verschwörung der Regierung

Obwohl es nie eindeutig bewiesen wurde, gab es zu der Zeit, als Wildes zweites Gerichtsverfahren stattfand, weitverbreitete Gerüchte, denen zufolge die Regierung vom Marquess von Queensberry erpreßt worden sei. Oscar müsse ins Zuchthaus, oder Bosies Vater würde die Beziehung des britischen Premierministers mit seinem ältesten Sohn an die große Glocke hängen. Bosie und Oscar waren von der Wahrheit dieser Vermutungen überzeugt. Sie wurden in dieser Ansicht von hartnäckigen Gerüchten über die Kronzeugen der Anklage gegen Wilde unterstützt. Man hätte einigen von ihnen neue Kleider für die Verhandlung gekauft und sie während des Verfahrens an einem geheimen Ort untergebracht. Es wurde auch behauptet, sie seien für ihre Aussagen bezahlt worden. Jeder hätte fünf Pfund pro Woche für die Dauer des Prozesses bekommen. Sir Edward Clarke, der Wilde verteidigte, erklärte Bosie während eines privaten Gesprächs: »Es sieht so aus, als ob die Regierung entschlossen sei, ein Urteil [gegen Wilde] zu bekommen, mit allen Mitteln, ob ehrenhaft oder nicht.«

Von Queensberrys Männern verfolgt

Nach dem zweiten Gerichtsverfahren wurde Wilde gegen Kaution freigesetzt, um auf den dritten und letzten Prozeß zu warten. Seine Freunde hatten eine Suite von Zimmern im Middland Hotel gebucht, das im Gebäude untergebracht war, das heute die Vorderseite des St. Pancras Bahnhofs in der Euston Road in London bildet. Sobald Wilde angekommen war und es sich bequem machen wollte, kam der Geschäftsleiter und verwies ihn aus seinem Etablissement. Dasselbe ereignete sich in sechs weiteren Hotels. Queensberry hatte seine Detektive auf Wildes Fährte geschickt und sie beauftragt, jeden Hotelier, bei dem der Liebhaber seines Sohnes absteigen wollte, zu informieren, wer ihr Gast sei und wie der Marquess ihren Ruf ruinieren würde, falls sie ihm Unterkunft gewährten. Da er kein Zimmer mieten konnte, fuhr Wilde um Mitternacht, nachdem er seine Verfolger abgehängt hatte, zu seinem Bruder Willie. Als seine Schwägerin Lily die Tür zum Haus 146, Oakley Street in Chelsea öffnete, schrie Oscar: »Gib mir Zuflucht, Willie, oder ich werde auf der Straße umkommen.«

Die Reiselust ergreift Londons Gentlemen

Als Wildes Verhaftung noch bevorstand, es aber klar war, daß sie unumgänglich sei, versuchten seine Freunde Robert Ross und Reggie Turner ihn zu überreden, den Zug nach Dover und dann das Boot nach Calais zu nehmen, um sich der Festnahme zu entziehen. Wilde konnte sich jedoch nicht dazu entschließen und meinte nur: »Es ist schon zu spät, der Zug ist abgefahren.« Robert Rosses Mutter war um ihren Sohn, der mit Wilde auch ein sexuelles Verhältnis pflegte, sehr besorgt und gab ihm fünfhundert Pfund, damit er nach Frankreich fliehen konnte. Reggie Turner und ein anderer Freund, der Franzose Maurice Schwabe, brachen gleichfalls nach Frankreich auf. Es wird gesagt, daß in dieser Nacht 600 Gentlemen den Ärmelkanal von Dover nach Calais überquerten, wo doch normalerweise sonst nur jeweils sechs die Reise unternahmen.

Kompromittierte Dampfmaschinen

Als Wilde zwischen zwei Prozessen auf Kaution freigelassen wurde und bei seinem Bruder wohnte, mit dem er sich nicht gut verstand, schlug der weniger bekannte Willie Wilde einen moralisierenden Ton an: »Wenigstens waren meine Laster dezent.« Er trank, spielte und hatte überall Schulden, aber erklärte, er habe Oscar in ganz London verteidigt. Woraufhin Oscar einem seiner Freunde gegenüber spottete: »Mein armer, liebster Bruder, er würde eine Dampfmaschine kompromittieren.«

Die Gärten des Absinth-Trinkers

Wilde hatte das Gefühl, er falle seinem Bruder Willie und dessen Frau zur Last, da Bosies Vater nachts vor der Haustüre zu erscheinen pflegte und mit seinem Geschrei und seinen Wutausbrüchen die ganze Straße in Aufruhr brachte. Deshalb beschloß er, zu den Leversons zu ziehen und die Adresse vor Queensberrys Leuten geheimzuhalten. In einem Gespräch mit Frau Ada Leverson teilte er ihr seine Erfahrungen mit Absinth mit: »Nach dem ersten Glas sieht man die Welt, wie man sie sich wünscht. Nach dem zweiten sieht man die Welt, wie sie nicht ist. Schließlich sieht man die Dinge wie sie wirklich sind, und das ist das Schlimmste auf der Welt.« – »Wie meinen Sie das?« fragte ihn die Gastgeberin. »Ich meine, man verliert jede Vergleichsmöglichkeit. Zum Beispiel ein Zylinderhut, Sie glauben, sie sehen ihn, wie er wirklich ist. Aber das stimmt nicht, weil sie ihn mit anderen Gegenständen und Ideen assoziieren. Wenn sie noch nie von einem Zylinder gehört hätten und würden auf einmal einen sehen, wären Sie vielleicht geängstigt oder würden in Gelächter ausbrechen. Das ist die Wirkung von Absinth, und drum macht er Männer verrückt.« Wilde berichtete Ada Leverson ferner: »Während dreier Nächte blieb ich auf und trank Absinth und dachte, ich sei ungewöhnlich klar im Kopf. Der Kellner kam und begann das Sägemehl auf dem Boden des Cafés auszugießen. Plötzlich sprangen für mich die wunderbarsten Blumen, Tulpen, Lilien und Rosen auf und verwandelten die Schänke in einen Garten.«

Teures Geflügel

Emile Becker, ein Kellner im Savoy Hotel, sagte im dritten Gerichtsverfahren gegen Wilde aus, er habe wenigstens fünf verschiedene junge Männer bei verschiedenen Gelegenheiten in Wildes Salon gesehen. Er habe ihnen Whisky und Soda serviert, und einmal habe er ein Abendmahl gebracht, bestehend aus Hühnchen und Salat für zwei – für Oscar und einen Jüngling. Die Rechnung für dieses Essen sei auf 16 Schillinge gekommen, was den Richter, Mr. Justice Wills, zu folgendem Kommentar bewegte: »Hühnchen und Salat für zwei. 16 Schillinge. Das ist sehr teuer! Ich werde leider nie selber dort speisen gehen.«

Gedemütigt und angepöbelt

Wilde beklagte sich bei Frank Harris über die Brutalität der Wärter im Wandsworth-Gefängnis. Der Freund war daraufhin der Ansicht, Wilde wäre im Zuchthaus von Reading besser aufgehoben, und er leitete alles in die Wege, um eine Überweisung nach dorthin zu erreichen. Die Übersiedlung fand am 21. November 1895 statt und führte zu einer der größten Demütigungen, die Wilde in der ganzen Zeit als Häftling hatte erleiden müssen: In Handschellen und Gefängnisuniform mußte er eine halbe Stunde, von 14 Uhr bis 14.30 Uhr, auf dem Bahnsteig in Clapham Junction, im Süden von London, mit seinen Wächtern auf den Zug warten. Eine Menge Leute kamen zusammen; zuerst lachten nur einige, dann verhöhnten sie ihn. Ein Mann erkannte Oscar Wilde und bespuckte ihn. Später schrieb Wilde in seinem Poem *De Profundis*: »Nachdem mir dies widerfahren war, weinte ich mehrere Jahre lang jeden Tag zur selben Stunde und die nämliche Dauer.«

Vor dem sicheren Wahnsinn gerettet

Wildes Schicksal im Zuchthaus zu Reading veränderte sich merklich, als im Juli 1896 ein neuer Direktor sein Amt antrat. Man könnte fast sagen, daß dieser Umstand sein Leben rettete. Unter dem ersten Direktor, Major Isaacson, einem harten, Disziplin und Züchtigung liebenden Menschen, war der Gefangene physisch, psychisch und moralisch verkommen. Seine Freunde erkannten ihn fast nicht wieder und sorgten sich sehr um sein Wohl. Briefe an sympathisierende Regierungsmitglieder hatten zur Folge, daß von höchster Stelle aus der Befehl kam, einen neuen Zuchthausdirektor in Reading einzusetzen. Der Vorsitzende der Kommission für Gefängnisse, Evelyn Ruggles-Brise, informierte Frank Harris, selbst der Innenminister habe bemerkt, »es wäre eine großer Verlust für die englische Literatur, wenn Oscar durch Zuchthausdisziplin etwas zustoßen sollte«.

Mit der Ankunft von Major James Osmond Nelson traten die Veränderungen ein. Wilde bekam Papier, Feder und Tinte, und er durfte soviel Bücher kommen lassen, wie er wollte. Falls es Bücher geben sollte, die der Gefangene nicht in der Gefängnisbibliothek vorfand, sollte Nelson anordnen, sie umgehend zu beschaffen. Ohne diese neuen Gegebenheiten wäre der monumentale Brief an Bosie, *De Profundis*, der weit mehr als hundert Seiten umfaßte, nicht entstanden. In seiner Zelle hatte er jetzt zwei hölzerne Böcke, auf die er tagsüber die Planken seines Bettgestells legte, die ihm als Tisch dienten, und wie er selbst bemerkte: »Es war nämlich ein sehr guter Tisch.«

Die unglückliche Botschaft einer Spinne

Es gab im Zuchthaus zu Reading einige Wärter, die humaner waren als die meisten. Eines Tages, als ein Aufseher Wildes Zelle fegte, weil dieser zu unbeholfen war, entdeckte er eine Spinne, und ehe Wilde etwas dagegen unternehmen konnte, trat er sie zu Tode. Wilde sah ihn entsetzt an: »Es bringt Unglück, eine Spinne zu töten«, rief er. »Ich werde eine Nachricht bekommen, so schlimm wie noch keine.« Später sagte er, er habe den Schrei der Banshee gehört und seine Mutter sei ihm als Vision erschienen. Sie war zum Ausgehen gekleidet, und er habe sie gebeten, Hut und Mantel abzulegen und Platz zu nehmen, woraufhin sie nur traurig den Kopf geschüttelt habe und verschwunden sei. Am nächsten Tag, dem 19. Februar 1896, wurde der Häftling Wilde in ein Besuchszimmer beordert, um mit seiner Frau zu sprechen. Constance war eigens aus Italien gekommen, um Wilde mitzuteilen, seine Mutter, Lady Wilde, sei verstorben. Oscar antwortete nur: »Ich weiß es schon.«

Lady Constanza Wildes Sterbenswunsch

Auf ihrem Sterbebett fragte Lady Wilde, ob man ihr den Sohn nicht bringen könnte. Als man der sterbenden Constanza Speranza Wilde mitteilte, dies sei leider unmöglich, meinte sie: »Das Gefängnis soll ihm nützen!« Danach drehte sie sich gegen die Wand. Sie starb am 3. Februar 1896 und hinterließ einen Brief, in dem sie den Wunsch äußerte, keiner solle zu ihrer Beerdigung kommen. Sie wurde auf dem Kensal Green Friedhof in London beigesetzt, obwohl sie sich immer gewünscht hatte, ins Meer geworfen zu werden oder in der Nähe eines Felsens an einer wilden Küste begraben zu sein, da sonst die Gefahr bestünde, daß sie neben einem gewöhnlichen Kaufmann ihre Ruhe finden müßte.

Die Vergebung und der Kakao

Thomas Martin, einer von Wildes neuen Wärtern in Reading, pflegte eine freundschaftliche Beziehung zu seinem berühmten Gefangenen. Als er an einem Märzmorgen in Wildes Zelle trat, sah er diesen noch immer auf seiner Pritsche liegen. Wilde klagte über Kopf- und Bauchschmerzen, woraufhin Martin ihn fragte, ob er den Arzt rufen solle. Er lehnte ab, da er die Kosten kannte, die es verursachte, wenn man den Arzt für eine solche Lappalie kommen ließ, und bat lediglich, etwas Heißes trinken zu dürfen. Der Aufseher ging und bereitete einen Tee, den er in eine Flasche schüttete, die er in seiner Jacke versteckte. Auf dem Weg zu Wildes Zelle wurde er vom Oberaufseher aufgehalten, was so lange dauerte, daß die heiße Flasche die Brust des Wärters verbrannte. Als er Wilde davon berichtete, lachte der nur. Martin knallte wütend die Türe hinter sich. Als der Wärter ein wenig später dem Häftling das Frühstück brachte, meinte dieser, er würde nichts vom Essen anfassen, bis ihm Thomas Martin vergeben hätte. »Nicht einmal den Kakao?« fragte Martin. Als Wilde darauf bestand, lenkte der weichgewordene Aufseher ein: »Nun, ehe ich dich verhungern lasse, verzeihe ich dir.«

Literarische Verbrechen

Wildes Belesenheit sprach sich bei den Gefängnisaufsehern herum, und es kam öfter vor, daß der Dichter sich zu literarischen Fragen äußern sollte. Als er einmal erklären sollte, ob Charles Dickens als ein großer Schriftsteller anzusehen sei, meinte Wilde: »O ja, wirklich ein großer Schriftsteller; er ist nämlich nicht mehr am Leben, wissen Sie?« Gläubig antwortete der Wärter: »Ja, ich verstehe, weil er nicht mehr am Leben ist, ist er ein großer Schriftsteller.« Derselbe erkundigte sich bei einer anderen Gelegenheit: »Entschuldigen Sie, mein Herr, würde man Marie Corelli als eine große Schriftstellerin ansehen?« Wildes entschiedene Antwort lautete: »Sie müssen wirklich nicht denken, ich hätte irgend etwas gegen ihren *sittlichen* Charakter, aber so wie sie schreibt, hätte sie auch hier landen sollen.« – »So ist es wohl«, meinte der Gefängniswärter beeindruckt.

Prognose einer Lebenserwartung

Als Wildes Freunde, Adey, Ross und Leverson, ihn am 27. Februar 1897 im Gefängnis besuchten, hatten sie alle drei das Gefühl, der Gesundheitszustand des Häftlings, der ihnen noch kurz zuvor krank und äußerst schwach vorgekommen war, hätte sich verbessert, zum Teil, weil man ihm jetzt einmal am Tag Fleisch zu essen gab, und auch, weil er nun besser schlafen könne. Der Direktor des Gefängnisses meinte aber: »Er sieht gut aus. Aber wie alle Männer, die schwere körperliche Arbeit nicht gewohnt sind und eine solche Strafe verbüßen müssen, wird er innerhalb von zwei Jahren tot sein.«

Vom Rechnen und von Ingwergebäck

In den letzten Monaten im Zuchthaus zu Reading erging es Wilde viel besser als vorher, was er vor allem dem Wärter Thomas Martin zu verdanken hatte. Eines Tages erklärte der Gefangene, wie sehr er sich schon darauf freue, nach seiner Entlassung endlich wieder Zeitung lesen zu können. Am nächsten Tag brachte ihm Martin den *Daily Chronicle*, was dann zur täglichen Gewohnheit wurde. Um dem Aufseher seine Dankbarkeit zu bekunden, schrieb Wilde ihm die folgende Notiz: »Mein lieber Freund, was kann ich schon schreiben? Nur, daß wenn Sie schon vor einem Jahr im Zuchthaus zu Reading Wärter gewesen wären, mein Leben viel glücklicher verlaufen wäre. Alle sagen mir, ich sähe besser aus – und glücklicher. Das verdanke ich der Tatsache, daß ich einen guten Freund habe, der mir den *Chronicle* bringt und mir Ingwerkekse verspricht!«

An den unteren Rand des Zettels schrieb Martin als Antwort: »Sie Undankbarer, ich habe mehr getan als nur versprochen!«

Ein weiteres Mal verkündete Oscar: »Ich habe vom Rechnen keine Ahnung, ich weiß nur, daß zwei plus zwei fünf ergeben.« – »Das tun sie nicht«, konterte Martin, »sie ergeben nur vier.« – »Sehen Sie, ich weiß nicht einmal soviel«, antwortete ein schmunzelnder Wilde.

Gefangenensolidarität

Nachdem Wilde aus der Haft entlassen worden war, berichtete er André Gide von seinen Erfahrungen als Häftling. An einem schönen Morgen, nachdem er sechs Wochen im Zuchthaus zu Reading gewesen war, drehte er während des täglichen einstündigen Spaziergangs mit den anderen Gefangenen in Einzelkolonne seine Runden im Gefängnishof. Da hörte er hinter sich jemanden flüstern: »Oscar Wilde, ich bemitleide dich, weil du mehr leiden mußt als wir anderen.« Wilde verlor ob dieser menschlichen Stimme fast das Bewußtsein, denn Reden war strikt verboten, und so hatte seit Wochen kein Austausch zwischen ihm und seinen Mitgefangenen stattgefunden. Ohne sich umzudrehen antwortete ihm Wilde in derselben geflüsterten Lautstärke: »Nein, mein Freund, wir leiden alle gleichviel.« – »An dem Tag«, erzählte er Gide weiter, »habe ich aufgehört, mich umbringen zu wollen.«

Trotz des Verbots von Gesprächen zwischen den Gefangenen gelang es Wilde nach ein paar Tagen, den Namen des barmherzigen Mannes herauszufinden. Da er es jedoch noch nicht perfekt beherrschte, zu reden, ohne die Lippen zu bewegen, fielen die beiden Männer auf. Sie wurden bei ihren Gefangenennummern C 3.3. und C 4.8 gerufen, um vor dem Oberaufseher zu erscheinen. Er wollte herausfinden, welcher von beiden zuerst gesprochen hatte, um den härter zu bestrafen. Der Aufseher rief zuerst »C 4.8« herein, und der gestand, als erster gesprochen zu haben. Als jedoch Wilde gerufen wurde, gestand auch er, zuerst geredet zu haben. Das Resultat war, daß beide dieselbe harte Strafe erhielten, nämlich zwei Wochen Einzelhaft ohne Spaziergang im Hof.

Entzückende Entlarvung

Am Vortag seiner Entlassung aus dem Gefängnis sollte Oscar Wilde von Reading nach London ins Pentonville-Gefängnis überführt werden. Damit sich diesmal kein Zwischenfall ereignete, wurde Wilde in Zivilkleidung und ohne Handschellen zum Twyford-Bahnhof gebracht. Als er vor dem Gebäude aus der Kutsche stieg, hätte er sich beinahe verraten, denn vor einem blühenden Rosenstrauch breitete er plötzlich seine Arme weit aus und rief voller Entzücken: »Oh, wunderbare Welt, oh, wunderbare Welt!« Der Aufseher bat ihn daraufhin dringend, damit aufzuhören: »Bitte, Herr Wilde, Sie sollten sich nicht so zu erkennen geben, denn in ganz England sind Sie der einzige Mensch, der sich auf einem Bahnhof so ausdrückt.«

Den richtigen Hut zur Begrüßung

Als Wilde am 19. Mai 1897 um 6.15 Uhr aus seiner zweijährigen Haft aus dem Pentonville-Gefängnis in London entlassen wurde, brachten ihn seine Freunde More Adey und Stewart Headlam zum Haus des Letzteren, wo ihn die Leversons, in deren Haus er zwei Jahre zuvor zwischen zwei Gerichtsverfahren gewohnt hatte, bereits erwarteten. Die Schriftstellerin Ada Leverson erinnert sich, wie Wilde ins Zimmer trat: »Mit der Würde eines Königs, der aus dem Exil zurückkommt. Er kam herein, lachend und eine Zigarette rauchend, mit gewelltem Haar und einer Blume im Knopfloch, und er sah sichtlich besser aus – dünner und jünger als vor zwei Jahren.« Er begrüßte Ada Leverson mit den Worten: »Sphinx« (dem Kosenamen, den er ihr gegeben hatte), »wie wunderbar, daß Sie genau wissen, welchen Hut Sie um sieben Uhr früh tragen sollten, um einen Freund zu treffen, der abwesend war! Sie können ja gar nicht zu Bett gegangen sein und müssen wohl die ganze Nacht aufgesessen haben.«

Eine undankbare, kalte Schulter

Im Freundeskreis beschloß der nun freie, aber gesellschaftlich ruinierte Wilde, nach Frankreich zu reisen. Als erstes wählte er in Dieppe, an der französischen Seite des Ärmelkanals, ein Domizil. Er wollte dort ein stilles Leben führen. Die Küstenstadt war nicht der ideale Ort für den berüchtigten Dichter, da Londons bessere Gesellschaft dort Ferien zu machen pflegte. Schon bald nach seiner Ankunft mußte er feststellen, daß alte Bekannte und einige Freunde ihn mieden und sogar die Straßenseite wechselten, um ihn nicht grüßen zu müssen. Der Karikaturist Aubrey Beardsley, dem Wilde zu einigen Aufträgen und Veröffentlichungen verholfen hatte und der zu dem

Zeitpunkt bereits schwer an Tuberkulose erkrankt war, wollte auf einmal nicht mehr seine Zeichnungen in einem Buch veröffentlicht sehen, wenn da auch Wildes Arbeiten abgedruckt sein sollten. Als der Zeichner in Dieppe war, kam er nicht umhin, am 19. Juli 1897 mit Oscar bei einem Festessen zusammenzutreffen. Dort lud Wilde ihn zum Essen ins Berneval ein. Am verabredeten Abend erschien Beardsley nicht im Restaurant. Daraufhin meinte der gekränkte Gastgeber: »Wenn er jemand von meinem Stand wäre, hätte ich es ja noch verstanden. Ich weiß nicht, wen ich mehr respektiere, die Leute, die mich sehen, oder die, die so tun, als ob ich nicht anwesend sei. Aber ein Junge wie der, den ich gemacht habe! Nein, das ist doch zu feige von Aubrey.«

An Ada Leverson schrieb Wilde: »Es ist so köstlich, wenn von einem geredet wird und man sich nicht angesprochen fühlen muß.«

Die Liebeserklärung

Nach Wildes Entlassung aus dem Zuchthaus fragte ihn Reggie Turner, wie er es überhaupt rechtfertigen könne, zurück zu Bosie zu wollen, da dieser ja der Mann war, der sein Leben so völlig zerstört habe. Der Dichter erklärte seine Liebe zu Douglas folgendermaßen: »Ich würde sagen, ich liebe ihn, da er ein Dichter ist, und was auch immer mein Leben in ethischer Hinsicht war, es war immer romantisch – und Bosie ist meine Romanze. Natürlich ist meine

Romanze eine Tragödie, aber nichtsdestoweniger ist sie eine Romanze. Und er liebt mich sehr, mehr, als er jemand anderen liebt oder lieben könnte, und ohne ihn wäre mein Leben langweilig und düster.«

Tröstende Freunde

Zum Glück gab es aber in Dieppe auch andere Menschen, die Wildes Erniedrigungen wettzumachen versuchten. Frits von Thaulow, ein norwegischer Landschaftsmaler, posaunte geradezu Wildes Namen auf der Straße aus, nachdem ein Engländer ihn beleidigt hatte: »Herr Wilde, meine Frau und ich wären sehr geehrt, wenn Sie heut abend zu uns zum Essen kämen, ganz schlicht, en famille.«

Die Thaulows gaben auch ein Fest zu seinen Ehren, zu dem sie auch den Bürgermeister von Dieppe und den Präsidenten des Stadtrates einluden. Es kamen aber nur wenige Gäste.

Wirtschaftliche Bewährung

Der englische Schriftsteller Graham Greene erzählt, daß sein Vater und ein weiterer Schullehrer einmal in einem Café in Neapel saßen. Ein Gast, der hörte, daß die beiden Englisch sprachen, bat darum, sich zu ihnen setzen zu dürfen. Den Männern kam der Neuankömmling bekannt vor. Aber während der Stunde, in der der Fremde die beiden hofierte und unterhielt, erkannten sie ihn nicht. Er erlaubte ihnen, sein Getränk zu bezahlen, das laut Greene sen. »sicherlich kein Kaffee« war. Der Vater erzählte Graham diese Geschichte oft und schloß stets mit den Worten: »Wie einsam er gewesen sein muß, daß er soviel Zeit und Witz an zwei ferienmachende Schullehrer verschwendete.« Graham Greene kommentierte: Wilde »bezahlte für sein Getränk mit der einzigen Währung, die er noch besaß«.

Ein Butler macht blau

Als Wilde bemerkte, daß die Londoner »Gute Gesellschaft«, die in Dieppe den Sommer verbrachte, nichts von ihm wissen wollte, und daß Bosies Vater seine Privatdetektive auch in die Küstenstadt geschickt hatte, um sicherzugehen, ob Oscar sich mit seinem Sohn hier treffen würde, beschloß der gepeinigte Ire, das Städtchen zu verlassen und sich in Berneval niederzulassen. Wildes erste Idee war, sich für 500 Pfund Sterling ein Chalet bauen zu lassen. Als er aber einsehen mußte, daß er sogar diese relativ geringe Summe keinesfalls aufbringen konnte, blieb ihm nichts anderes übrig, als diesen Plan zu verwerfen. Stattdessen mietete er ab dem 15. Juni 1897 das Chalet Bourgeat, das sich ebenfalls in Berneval befand. Da er während seiner Zeit im Zuchthaus wegen früherer Schulden und der unbezahlten Gerichtskosten Bankrott gemacht hatte, waren es seine Freunde, die zahlreiche seiner Bücher sowie die wenigen Gemälde, die nicht versteigert worden waren, nach Frankreich schickten. Der Dichter machte es sich so gemütlich wie möglich. Er leistete es sich sogar, einen Diener anzustellen. Es war aber gar nicht so leicht, den Richtigen zu finden. Wilde äußerte sich folgendermaßen über den ersten Kandidaten: »Er war sehr clever, aber bald wurde er unmöglich. Es war ja wirklich mein Fehler; und ich bin darob sehr unglücklich. Ich hatte ihm eine blaue Uniform gegeben, was ich nicht hätte tun sollen, denn natürlich bildete er sich darauf sofort etwas ein. Er ging zu einem Ball und hatte großen Erfolg in seiner blauen Uniform. Verständlicherweise wollte er von nun an jeden Abend zum Tanzen gehen und am nächsten Morgen ausschlafen. Ich mußte also warten und warten, bis ich mein heißes Wasser bekam. Eines Morgens stand ich selber auf und brachte ihm heißes Wasser. Das half dann für einen Tag, aber mehr nicht. Jetzt habe ich ihn entlassen und einen anderen angestellt. Das nächste Buch, das ich schreiben werde, wird das Thema der Wirkung der blauen Farbe auf Männer behandeln.«

Keinen Geschmack für Schafsfleisch

Am 3. Juni 1897 kamen drei junge Männer nach Berneval, um Wilde zu besuchen. Er nannte sie: der Dichter, der Maler und der Philosoph. Es waren Ernest Dowson, Charles Conder und Dalhousie Young, letzterer eher ein Komponist als ein Philosoph. Wilde mochte Dowson besonders, und schon bald wurden die beiden beste Freunde. Obwohl Dowson sich mehr für das weibliche Geschlecht interessierte, war er Wildes erste Liebe seit Bosie. Der Jüngere überzeugte Wilde eines Abends, mit ihm in ein Bordell zu gehen, um es doch wieder einmal mit einer Frau zu versuchen. Am darauffolgenden Morgen, als sie sich zum Frühstück trafen, meinte Wilde leicht angewidert: »Die Erste in zehn Jahren, und es wird bestimmt die Letzte sein. Es war, wie wenn man altes Schaffleisch kauen muß. Aber sprich es nur in England herum, und dies wird meinen Ruf völlig wiederherstellen.«

Konjugierte Kritik

Am 20. Juni, abends, kam André Gide unangemeldet in Berneval an, um Wilde zu besuchen. Sie saßen in der Bar des Hotels bis spät in die Nacht hinein und diskutierten über Literatur. Am nächsten Morgen begleitete der Franzose den Iren zum Chalet Bourgeat, das Wilde im Begriffe war einzurichten. Danach spazierten sie zum Bahnhof, wo Gide seinen Zug nach Paris nehmen sollte. Plötzlich kam Wilde auf Gides *Les Nourritures terrestres* zu sprechen: »Hör zu, mein Liebster«, wandte er sich an ihn, »du mußt mir jetzt etwas versprechen. *Les Nourritures terrestres* ist gut, ... es ist sehr gut, ... aber Liebster, versprich mir, ab jetzt nie mehr ich zu schreiben. In der Kunst gibt es keine erste Person, verstehst du?«

Eine der eigenartigsten Bekanntschaften, die Wilde machte, kam im Frühjahr 1898 zustande, als er sich in Paris niederließ. Er traf, bald nach seiner Ankunft in der französischen Hauptstadt, den Kommandanten Ferdinand Walsin-Esterhazy, den wirklichen Spion, für den Alfred Dreyfus fälschlicherweise verurteilt wurde. Die Dreyfus-Affäre und Wildes Fall kamen etwa zur selben Zeit vor Gericht. Wilde war von dem verbrecherischen Ruch des Kommandanten fasziniert. Während eines ihrer vielen Gespräche verkündete Esterhazy: »Wir sind die zwei größten Märtyrer der ganzen Menschheit – aber ich bin es, der am meisten gelitten hat.« – »Nein, ich bin es«, antwortete Wilde sofort. Esterhazy fuhr fort: »Als ich 13 war, war ich völlig überzeugt, ich würde nie wieder glücklich sein.« Als sie sich ein weiteres Mal einer langen, alkoholreichen Diskussion hingaben, waren zwei Journalisten anwesend, der Korrespondent der *New York Times* und des Londoner *Observer*. Wie üblich fing Esterhazy an, Dreyfus zu beschuldigen. Wilde winkte ab und meinte: »Immer leiden die Unschuldigen, Monsieur le Commandant; es ist ihr Metier. Übrigens sind wir alle unschuldig, bis man uns entlarvt. Es ist wirklich eine armselige, vulgäre Rolle unter den schäbigsten, die man spielen kann. Sicherlich ist es viel interessanter, schuldig zu sein und die sündhafte Verführung als Glorienschein zu tragen.« Der Kommandant ließ sich von Wilde mitreißen und stieß lauthals hervor: »Wieso soll ich es Ihnen eigentlich nicht gestehen? Ja, ich werde es tun. Ich bin es, Esterhazy, der allein schuldig ist. Ich habe Dreyfus ins Zuchthaus gebracht, und ganz Frankreich kann ihn nicht wieder herausholen.« Doch seine Tischgefährten lachten bloß.

Ein schöner Napoleon

Um die Qualen und das Elend seines Lebens ertragen zu können, griff Wilde immer öfter zur Flasche und auch zu anderen Anregungsmitteln. Anfänglich war es meist der holländische Likör Advokat, bald aber stieg er um auf den stärkeren Cognac und schließlich zum Absinth. Er soll auch regelmäßig Kokain konsumiert haben. Eine andere Ablenkungsstrategie bestand darin, kurze sexuelle Beziehungen mit jungen Männern zu beginnen. So beichtete er einem Freund: »Wie teuflisch es ist, Liebe zu erwerben, und wie teuflisch, sie zu verkaufen! Aber was für purpurne Stunden kann man erhaschen von diesem grauen, schleichenden Ding, das wir die Zeit nennen.« Ein Journalist, Jacques Daurelle, sah, wie sich Wilde und ein junger Mann zum Kuß umschlangen, was ihn dazu bewegte, im *L'Echo de Paris* zu schreiben, Wilde sei zu seiner Abscheulichkeit zurückgekehrt. Wildes simple Antwort lautete: »Er ist so schön. Seht ihn euch an. Er hat Bonapartes Profil.«

Der Preis der Geselligkeit

Im Mai 1898 kam eines schönen Tages Henry Davray, einer von Wildes Übersetzern, an der Terrasse des berühmten Café Flore in Saint-Germain des Prés vorbeigeschlendert, als ihm Wilde zurief, er solle sich doch zu ihm setzen. Davray war über Wildes heruntergekommene und zerrüttete Erscheinung so bestürzt, daß er sich setzte, obwohl er zu einer Verabredung unterwegs war und es eigentlich sehr eilig hatte. Sobald Wilde Gesellschaft hatte, wurde er ruhiger und gelassener. Er erklärte dem Übersetzer, er sei seinem langweiligen Hotelzimmer entflohen, und im Nu war ein reges Gespräch im Gange. Wilde bat inständig, Davray solle noch ein wenig bleiben, so daß der seine Verabredung telefonisch absagte. Wilde hatte solche Angst, alleingelassen zu werden, daß er Davray bis zum Jardin du Luxembourg begleitete, mit ihm durch den Park streifte und es schaffte, daß beide auf einer anderen Terrasse am Boulevard Saint-Michel Platz nahmen. Nach einer Weile gestand Wilde: »Ich besitze keinen Sous.« Und er lachte dabei.

Heilige Armut

Der französische Schriftsteller und Journalist Frédéric Boutet berichtet, wie er mit einem Freund im Juli 1899 den Boulevard Saint-Germain entlangging und sie dort auf Oscar Wilde stießen, der im strömenden Regen auf einer Terrasse saß. Er war völlig durchnäßt, und sein Hut hing ihm schlapp ins Gesicht, denn der Kellner hatte die Markise aufgerollt, um den lästigen Gast loszuwerden. Wilde konnte das Etablissement nicht verlassen, da er die Rechnung für seine Getränke nicht bezahlen konnte.

Der Romanautorin Frances Forbes-Robertson schrieb er: »Gleich wie der liebe Sankt Franziskus von Assisi bin ich mit der Armut vermählt, aber in meinem Falle ist die Ehe kein Erfolg. Ich hasse die Gattin, die man mir gegeben hat.«

Armut mit Kutscher

Wilde erzählte der französischen Schriftstellerin Claire de Pratz, er sei einmal in die Tram gestiegen, die von der Place de l'Étoile bis zum Montparnasse-Bahnhof fuhr, um seinen Liebhaber Alfred Douglas in seiner neuen Wohnung in der Avenue Kléber zu besuchen. Plötzlich stellte er fest, daß er seinen Geldbeutel vergessen hatte. Er erklärte diesen Umstand mit lauter Stimme den versammelten Tramfahrgästen und fragte, ob ihm jemand bitte 30 Centimes leihen würde. Als daraufhin niemand nur ein Wort zu ihm sagte, bat er den Schaffner, die Tram anzuhalten. Er stieg aus und rief nach einer Droschke, in der er sich triumphierend niederließ und den erstaunten Trampassagieren heiter zuwinkte, denn er wußte, daß Lord Douglas' Concierge für die Fahrt berappen würde. »Und die Moral der Geschichte«, schloß Wilde, »ist, daß die Menschen mehr Vertrauen in jemanden haben, der eine Droschke nimmt als in einen, der mit öffentlichen Verkehrsmitteln unterwegs ist.«

Skandalverhinderter Heroismus

Der Journalist Louis Latourette schildert in seinen *Letzten Stunden mit Oscar Wilde*, veröffentlicht in den *Nouvelles Literaires* 1926, wie er mit dem im Pariser Exil lebenden Schriftsteller die Pont Neuf-Brücke überquerte und sie ansehen mußten, wie sich eine Frau ins Wasser stürzte. Ein Matrose warf sich in die Fluten und rettete sie. Wilde kommentierte knapp: »Ich könnte diese Frau gerettet haben. Aber diese Tat war mir verwehrt. Ja, so ist es. Es ist fürchterlich. Es hätte den Anschein gehabt, als ob ich die Aufmerksamkeit auf mich lenken wollte. Mein Heldentum hätte nur einen Skandal ausgelöst. Seit meinem Gerichtsverfahren sind mir Heroismus und Genie untersagt. Sie haben wohl gehört, wie ich einen schwachen Versuch unternommen habe, in ein Kloster einzutreten. Das wäre sicher das beste Ende gewesen. Aber ich hätte einen Skandal geschaffen. Bemitleiden Sie mich, aber erinnern Sie sich bitte, ich hätte diese Frau retten können.«

Ein römisches Wunder

Im April 1900 überzeugte der sechzehnjährige Harold Mellor, dem sein Vater ein Vermögen hinterlassen hatte und der kurz zuvor Wildes Bekanntschaft gemacht hatte, den Dichter, gemeinsam auf Mellors Kosten nach Italien zu reisen. Nachdem sie zuerst in Palermo und dann in Neapel eine knappe Woche verweilt hatten, kamen sie am Tag vor Karfreitag in Rom an. Wie 23 Jahre zuvor, als Pius IX. die

Stellvertretung Christi übernommen hatte, erreichte es Wilde, wieder zum Papst vorgelassen zu werden. Unter den Pilgern in der ersten Reihe erhielt auch er den päpstlichen Segen. An seinen einstigen Liebhaber Robert Ross schrieb er: »Mein Spazierstock zeigte Anzeichen einer Keimung.« Und weiter erklärte er dem Freund, er hätte die Einladung nur durch ein Wunder bekommen, für das er 30 Silbertaler bezahlt habe. Er gab auch an, sein Ekzem, an dem er schon länger litt, sei durch die Segnung des Pontifex geheilt worden. Doch kam diese Hautallergie zurück, obwohl es dem Gesegneten während seines Aufenthaltes in der Heiligen Stadt gelang, noch weitere sechs Mal vor Leo XIII. zu treten.

Ein bittersüßer Trunk

Im Sommer 1900 kam Wilde zufällig an der Terrasse eines Pariser Cafés vorbei, wo die Gräfin Anna de Brémont, eine Freundin seiner Mutter, in Begleitung saß. Die Französin wollte ihren Bekannten die Unannehmlichkeit einer Begegnung mit Constanza Speranzas berüchtigtem Sohn ersparen und verbarg das Gesicht hinter ihrem Fächer. Als einer ihrer Tischgefährten ihr gestand, er hätte Wilde gerne getroffen, um zu sehen, was für ein Unmensch er wirklich sei, war die Gräfin de Brémont so schockiert, daß sie daraufhin eine schlaflose Nacht verbrachte. Frühmorgens ging die Gräfin spazieren und stieß in der Nähe des Pont Neuf auf Oscar, der sie mit den Worten begrüßte: »Guten Morgen, sind Sie erstaunt, mich zu sehen? Aber nicht doch, Sie sind nicht der einzige ruhelose Geist in diesem großen Paris.« Er hatte sie am Vorabend wohl erkannt, wollte sie aber nicht vor Unbekannten ansprechen. »Das Leben hat mir einen Kelch mit reichhaltigem Geschmack an die Lippen gepreßt, und ich trank ihn bis zur Neige, das Bittere wie das Süße«, fuhr er fort. Als die Gräfin ihn fragte, warum er denn nicht mehr schreibe, antwortete Wilde: »Weil ich alles geschrieben habe, was es zu schreiben gab. Ich schrieb, als ich das Leben nicht kannte. Jetzt, wo ich den Sinn der Existenz kenne, habe ich nichts mehr zu schreiben. Ich habe meine Seele gefunden. Im Zuchthaus war ich glücklich, weil ich meine Seele fand.« Bevor beide ihrer Wege gingen, bat Wilde die Gräfin zum Abschied: »Grämen Sie sich meinetwegen nicht!«

Ein freundschaftlicher Vorschlag

Nach dem Tod von Constance versuchte Robbie Ross, Wilde von Bosie abzulenken. Er ging sogar so weit, Wilde vorzuschlagen, er könne doch wieder heiraten. Wilde war sich der Absurdität dieser Idee sofort bewußt und konterte: »Ich bin mir sicher, daß du es gerne hättest, wenn ich diesmal einen vernünftigen, praktischen, bescheidenen Jungen mittleren Alters heiraten würde, und ich mag diese Idee überhaupt nicht. Und übrigens bin ich mit einem außerordentlich schönen, achtzehnjährigen Fischer so gut wie verlobt. Deshalb gibt es, wie du siehst, einige Schwierigkeiten.«

Tapetenblues

Nachdem Wilde mehrere Wochen krank in seinem Bett zugebracht hatte, erlaubte ihm der Arzt aufzustehen und einen Spaziergang zu unternehmen, was er dann gemeinsam mit seinem Freund Robert Ross auch tat. Er hatte Mühe zu gehen, doch gelang es ihm, bis zu einem Café zu kommen, wo er Absinth trank, bevor er sich mühsam wieder auf den Heimweg machte. Er erklärte Claire de Pratz: »Meine Tapete und ich kämpfen ein Duell bis auf den Tod. Einer von uns muß gehen.«

Ross tadelte seinen Freund, er werde sich mit dem Absinthtrinken noch den Tod holen. »Und wofür sollte ich denn leben?« fragte ihn Wilde leise.

Exit Oscar

Nach einer Ohrenoperation, am 10. Oktober 1900 routinemäßig unternommen, wurde Wilde immer schwächer. Der Patient wußte, daß er im Sterben lag, und gestand Robbie Ross, der auf ein Telegramm von Reggie Turner hin von Südfrankreich nach Paris geeilt war: »Irgendwie denke ich, werde ich nicht mehr lange genug leben, um das neue Jahrhundert zu erleben. Wenn ich noch immer am Leben wäre, wenn das neue Jahrhundert anfängt, wäre das mehr, als die Engländer verkraften könnten.«

Ein paar Tage später, als der Kranke aufwachte, wandte er sich an Turner, der die ganze Nacht an seinem Bett verbracht hatte: »Ich habe geträumt, ich hätte mit den Toten gespeist.« Sein Freund antwortete darauf: »Mein liebster Oscar, du warst sehr wahrscheinlich wieder im Mittelpunkt.«

Am 25. November wußten auch die versammelten Freunde, daß nichts mehr zu machen war.

Am 30. November trat Wilde seinen letzten Kampf an. Reggie Turner erinnert sich: »Da kam das sogenannte Todesröcheln, eine Rauheit in seinem Hals, wenn er atmete. Nie zuvor hatte ich so etwas gehört.« Auch Robbie erzählte More Adey: »Es tönte wie das fürchterliche Drehen einer Handkurbel, und es ließ nie nach, bis zum Schluß.« Etwa um 13.45 Uhr fing Wilde an, etwas leichter zu atmen. Fünf Minuten danach stieß er einen letzten, tiefen Seufzer aus und war dann still. Sein Freund und Lebensgefährte, Lord Alfred Douglas, sein Bosie, seine weiße Lilie, seine tragische Romanze, kam zu spät, um Wilde in seinen letzten Augenblicken zu begleiten.

Nachwort

In seinem kurzen Leben präsentierte sich Oscar Wilde unter vielen verschiedenen Gesichtspunkten, und so wurde er dann auch bis zum heutigen Tag, 150 Jahre nach seiner Geburt, unter fast so vielen Aspekten verehrt oder kritisiert. Befürworter haben ihn als Visionär, als Märtyrer, Sozialisten oder Pionier der homosexuellen Befreiungsbewegung gepriesen, Kontrahenten als oberflächlichen Dandy, weltfremden Ästheten und dekadenten Lebenskünstler abgestempelt. Trifft eine dieser Bezeichnungen den äußerst komplexen und vielschichtigen Charakter des Dichters überhaupt? Wildes ganzes Leben fand während der Regierungszeit von Königin Viktoria, dem viktorianischen Zeitalter, statt. Unbeugsame Klassenstrukturen, ein restriktiver Moralcode, Zentralität von Familie und Ehe, Ablehnung außerehelich gezeugter Kinder, strenge Erziehung sowie ein Ehrencodex, der die Tugenden eines Gentleman über alles pries, Schwäche, Angst, Liebe und jegliche Gefühlsäußerung verabscheute, charakterisieren die Werte dieser Gesellschaft. Großbritannien lebte unter Viktoria aber auch in einem Zeitalter des Aufbruchs. Eine permanente Revolution zog sich durch das Finanz- und Bankenwesen bis in die Produktion. Es war das Zeitalter der Erfinder, Maschinen- und Brückenbauer. Die britische Krone regierte über ein riesiges Reich, das Empire. Die Industrielle Revolution hatte eine neue Klasse hervorgebracht, die Arbeiterklasse. Dies in einer Gesellschaft, in der die sozialen Schichten und

Klassen strikt voneinander getrennt lebten und auch ihre eigenen Wertvorstellungen schufen. Ein wohlhabender Bürger kam in der Regel nur mit einem Mitglied der Arbeiterklasse in Kontakt, wenn er seine Dienste in Anspruch nahm. Da Wilde eine Vorliebe für junge Männer der proletarischen Schicht hatte und Beziehungen zu den sich sozial auf dem untersten Niveau befindenden männlichen Prostituierten pflegte, kannte er sich aus in den widersprüchlichen Existenzweisen seiner Zeit und versuchte, Klüfte zwischen den Klassen zu überbrücken. Wilde liebte die Londoner Gesellschaft und schrieb seine besten Theaterstücke für eben dieses Publikum. Auch von Paris war er fasziniert, das er zum ersten Mal als Student besuchte, um dann immer wieder dorthin zurückzukehren. Schließlich verbrachte er seine letzten Lebensjahre dort in einer Art Exil, bis er am 30. November 1900 im seinem Zimmer im Hôtel d'Alsace vom Leben Abschied nehmen mußte. Sein Leichnam ruht auf dem Friedhof Père Lachaise unter einer Statue des Bildhauers Jacob Epstein.

Obwohl nur der Ärmelkanal zwischen den beiden Ländern lag, waren England und Frankreich in der zweiten Hälfte des 19. Jahrhunderts um Welten voneinander getrennt. Als eine der Konsequenzen der französischen Niederlage im Deutsch-Französischen Krieg war die französische Hauptstadt im Frühjahr 1871 für ein paar kurze Monate von der Pariser Kommune regiert worden. Oscar Wilde besuchte Paris zum ersten Mal mit seiner Mutter als Jüngling von zwanzig Jahren, knappe drei Jahre nach der blutigen Unterdrückung des Volksaufstandes durch die französische Regierung von Thiers. Die Erinnerung an die Barrikaden, die Rätebewegung, die bewaffneten Bürgermilizen und Volksversammlungen, in denen die neuen Gesetze der Kommune diskutiert und verabschiedet wurden, war noch frisch. Ebenso die an die darauffolgenden Repressionen. Mit dem Einverständnis der preußischen Armee, die dem französischen Marschall Mac Mahon und seinen Truppen freies Geleit in die Hauptstadt gab, wurden über 30000 Aufständische niedergemetzelt. Auch das verfehlte seine Wirkung auf Wilde nicht. Die gallische Stadt lag im Zentrum der Dritten Republik. Die Aristokratie hatte ihre Macht an eine selbstsichere, triumphierende Bourgeoisie abtreten müssen. Dem letzten Versuch, erneut eine konstitutionelle Monarchie unter Ludwig XVIII. einzuführen, wurde 1870 ein Ende gesetzt. Diese beiden Erfahrungen, die republikanische Revolution und die Pariser Kommune, hatten Paris zum Nährboden der im Entstehen begriffenen Moderne gemacht.

Als Wilde sich in der Lichterstadt aufhielt, waren Schriftsteller, Dichter, Musiker und Maler im Begriff, das 20. Jahrhundert zu erfinden. Degas, Toulouse-Lautrec, die Wilde kannte, waren in der Stadt zu Hause. Die bedeutendsten Maler des kommenden 20. Jahrhunderts hatten sich schon in Montmartre eingefunden: Van Gogh, Gaugin, Picasso und Matisse. Paul Cezanne stellte dort seine vorkubistischen Bilder aus. Verlaine, Rimbaud saßen in Cafés und tranken Absinth. Diese Atmosphäre war für den jungen Dichter Wilde das Ferment, das er in England nicht finden konnte. Ein weiterer Unterschied, den er in Paris für sich entdeckte: Die gleichgeschlechtliche Liebe galt in Frankreich nicht als ungesetzlich. In England dagegen konnte man, wie es Wilde später selbst erfahren mußte, für diese Art Sexualität ins Zuchthaus kommen. In Paris spazierten Männer, die Männer liebten, offen und unverschämt die Boulevards entlang, mit grünen Krawatten und später mit Nelken derselben merkwürdigen Farbe im Knopfloch, um ihre Orientierung offen kundzutun.

Wer sich über Wilde und seine Zeit einen Eindruck verschaffen will, muß auch die kurze Spanne seines Lebens berücksichtigen. Er starb am Anfang seines 47. Lebensjahres. Wäre er nicht von seiner Zuchthauserfahrung gebrochen so frühzeitig gestorben, auch Wilde hätte mit dem neuen Jahrhundert die Schwelle zu einer neuen künstlerischen Epoche überschritten.

Nur wenige Jahre nach Wildes Tode setzte mit dem 20. Jahrhundert die Moderne ein, fand 1905 die erste der drei russischen Revolutionen statt, stellte Pablo Picasso 1907 das Bild »Les Demoiselles d'Avignon« aus, ein Gemälde, das mit einem gewaltigen Stoß der modernen Kunst die Tür zum Kubismus und allen weiteren künftigen Kunstrichtungen öffnete. Schon der Beginn von Wildes schriftstellerischer Laufbahn weist auf Anzeichen dieses Modernismus hin. So zog er zum Beispiel eine künstliche Umgebung den Schönheiten der Natur vor. Sein Schaffen wuchs aus urpersönlichen Erfahrungen, aber auch aus seiner Kritik an der Gesellschaft. Obwohl er die Zustimmung und Anerkennung der adligen und großbürgerlichen Engländer suchte, galt Wildes Interesse in seinen Theaterstücken und politischen Schriften viel mehr den sich neu bildenden bürgerlichen und proletarischen Schichten und deren Sitten. Zwar hatte er anfänglich eine Lesereise durch die Vereinigten Staaten unternommen, um seine Schulden zu begleichen und sich ein besseres Einkommen zu sichern. Aber bald entwickelte er einen Enthusiasmus für das Neue und Unbekannte, der ihn bis lange nach seiner Rückkehr nach London nicht wieder losließ.

Als sich Wilde während der langen und tragisch verlaufenden Liebesgeschichte mit Bosie, dem Sohn des Marquess von Queensberry, endgültig zur gleichgeschlechtlichen Liebe bekannte, veränderte sich sein Leben ein weiteres Mal. Er konnte und wollte seine literarische Arbeit nicht von seinem täglichen Leben trennen. Anders als sein Kollege André Gide, der zwar in Frankreich in einer toleranteren Umgebung lebte, aber durch seinen strengen Katholizismus sein Leben lang mit Schuldgefühlen zu kämpfen hatte, setzte sich Wilde voll und ganz für die »Sache« ein.

Dieser Entschluß, sein Leben offen zu leben und die nicht endende Hoffnung auf eine Gesellschaft, in der er den Namen seiner Liebe laut und vernehmlich aussprechen konnte, bildete eine treibende Kraft seiner Inspiration.

Oscar Wilde brachte Queensberry wegen Verleumdung vor Gericht, obwohl der Marquess nach dem waltenden Gesetz im Recht war. Doch der Schriftsteller wollte frei seine Existenz führen und nicht von der »guten Gesellschaft« verpönt sein. Deshalb folgte er der Illusion, ihr seine Unschuld zu beweisen. Wilde war ein irischer Republikaner, der behauptete, auch in England die Monarchie abschaffen zu wollen, der es jedoch unterließ, mit seinem Freund, dem Prinzen von Wales, über solche verräterischen Sachen auch nur zu sprechen. Als seine Frau Constance sich von ihm scheiden lassen wollte, versuchte er alles, um sie davon abzubringen. Er versprach sogar, seine Beziehung zu Bosie abzubrechen, sich zu bessern und wieder mit der Familie zu leben! Natürlich spielten hier auch finanzielle Aspekte eine Rolle: Frau Wilde verfügte über eine Rente, von der auch ihr Gemahl abhängig war. Es ist ebenfalls anzunehmen, daß ihm auch an der Rolle des respektierten Familienoberhauptes sehr gelegen war. Von Haus aus Protestant, der seit seiner Studentenzeit mit dem Katholizismus »geflirtet« hatte, soll er sogar noch im Delirium auf seinem Totenbett von Pater Cuthbert Dunne in die Gemeinschaft der katholischen Kirche aufgenommen worden sein.

Wilde lebte die Widersprüche seiner Zeit aus. Von den Werten der alten Gesellschaft in die eine Richtung gezerrt, folgte er genauso dem Versprechen und der Hoffnung auf eine freie, glorreiche Zukunft in die entgegengesetzte. Durch seine Verurteilung zu Zuchthaus und Zwangsarbeit wurde sein ständiges Bemühen um ein Gleichgewicht zerstört. Der Schriftsteller widmete der Welt sein *De Profundis*, einen mehr als 100 Seiten langen Brief an Bosie, den er in seiner Zelle schrieb, sowie *Die Ballade vom Zuchthaus zu Reading*. 1897 aus der Haft entlassen, ging er als ein gebrochener Mann ins freiwillige Exil, als einer, der »nichts mehr zu schreiben« hatte. Indem es den irischen Poeten, Ästheten, Dramatiker, Erzähler und den Liebhaber körperlich und geistig zugrunderichtete, verhinderte das viktorianische »Zuchthaus- und Zwangsarbeitsregime« die weitere Entfaltung eines der originellsten literarischen Talente der englischen Sprache.

London, Juli 2004 Pierre Imhof

Oscar Wilde: einige Daten

1854 Geburt von Oscar Fingal O'Flahertie Wills Wilde, als zweiter Sohn des Augen- und Ohrenarztes William Ralph Wills Wilde und dessen Frau Jane Francesca Agnes (Speranza) Elgee in Dublin.

1857 Geburt der Schwester Isola.

1864-71 Besuch des Portora Royal School Internat in Enniskillen.

1867 Tod von Isola.

1874/78 Studium der klassischen Philologie am Magdalen College in Oxford.

1876 Der Vater stirbt am 19. April in Dublin.

1878 Verleihung des Bachelor of Arts sowie des Newdigate Poetry Prize.

1879 Umzug von Wildes Mutter nach London, Oscar folgt ihr im selben Jahr und zieht mit Frank Miles ein.

1881 Bekanntschaft mit Constance Lloyd.

1882 Vortragsreise durch die Vereinigten Staaten von Amerika und Kanada.

1883 Aufenthalt in Paris, Bekanntschaft mit den Schriftstellern Victor Hugo, Edmond de Goncourt, Alphonse Daudet, Paul Bourget, Émile Zola, Maurice Rollinat, Paul Verlaine sowie den Malern Edgar Degas, Camille Pissarro, Giuseppe de Nittis, Jacques-Émile Blanche, John Sargent.

1884 Heirat mit Constance in London.

1885 Zieht mit seiner Gattin in das Haus in Tite

Street. Geburt des ersten Sohnes Cyril. Der Labourchère-Änderungsantrag, der jegliche sexuelle Beziehung zwischen Männern als gesetzeswidrig erklärt, wird vom britischen Parlament angenommen.

1886 Geburt des zweiten Sohnes, Vyvyan. Erste homosexuelle Beziehungen Wildes.

1887/89 Herausgeber der Zeitschrift *Woman's World*.

1887 Die Erzählungen *Das Gespenst von Canterville*, *Lord Arthur Saviles Verbrechen* und *Der Modellmillionär* erscheinen.

1888 Die Märchensammlung *Der glückliche Prinz und andere Erzählungen* erscheint.

1889 Beziehung zu John Gray, die Inspiration für seinen Roman *Das Bild des Dorian Gray*.

1890 *Das Bild des Dorian Gray* erscheint in Lippincott's Monthly Magazine.

1891 Uraufführung von *Die Herzogin von Padua*, in New York. Reise nach Paris, wo er André Gide begegnet. Erste Begegnung mit Lord Alfred Douglas (Bosie).

1892 Uraufführung von *Lady Windermeres Fächer* in London.

1893 Veröffentlichung der französischen Originalfassung von *Salome*.

1894 Englische Version von *Salome* erscheint mit Illustrationen von Aubrey Beardsley.

1895 Uraufführung von *Ein idealer Gatte* und von *Ernst – und seine tiefere Bedeutung*. Reist mit Bosie nach Algerien und trifft dort erneut André Gide. Drei Prozesse: ein erster, in dem Wilde der Kläger gegen den Marquis of Queensberry ist, und die zwei weiteren als Angeklagter; verurteilt zu zwei Jahren Zuchthaus mit Zwangsarbeit. Dem Konkursverfahren gegen Wilde folgt seine Bankrotterklärung.

1896 Tod von Oscars Mutter in London. Uraufführung von *Salome* in Paris. Constance nimmt für sich und ihre zwei Söhne den Familiennamen Holland an.

1897 Entlassung aus der Haft und freiwilliges Exil in Frankreich, zuerst in Dieppe, dann Berneval-sur-Mer und kurzer Aufenthalt in Sizilien. Letzte Trennung von Bosie.

1898 Ankunft in Paris, wo er bis zu seinem Tode bleibt. Constance stirbt in Genua. Veröffentlichung der *Ballade vom Zuchthaus zu Reading* unter dem Pseudonym C 3.3., Wildes Häftlingsnummer.

1899 Tod des älteren Bruders, Willie.

1900 Tod des Marquess of Queensberry. Tod von Oscar Wilde am 30. November in seinem Zimmer im Hôtel d'Alsace in Paris. Bestattung auf dem Friedhof Bagneux in der Nähe von Paris.

1905 Veröffentlichung von *De Profundis*.

1909 Die sterblichen Reste Wildes werden auf

den Pariser Friedhof Père Lachaise überführt.

1914 Enthüllung eines Monuments des Bildhauers Jacob Epstein auf Oscar Wildes Grab.

Neil Bartlett, *Who Was That Man? A Present for Mr. Oscar Wilde*, London, 1988

Lord Alfred Douglas, *Autobiography*, London, 1929

– *Oscar Wilde and Myself* , London, 1914

– *Without Apology* , London, 1938

Richard Ellmann, *Oscar Wilde*, London, 1988

André Gide, *Oscar Wilde*, Paris (1938)

Vyvyan Holland, *Son of Oscar Wilde*, New York, 1954

H. Montgomery Hyde, *Oscar Wilde*, New York, 1975

H. Montgomery Hyde (Hg.), *The Trials of Oscar Wilde*, New York, 1948

Neil McKenna, *The Secret Life of Oscar Wilde*, London 2003

Horace Wyndham, *Speranza: A Biography of Lady Wilde*, New York 1951

Bücher in deutscher Sprache

Von Oscar Wilde

Sämtliche Werke in zehn Bänden, hrsg. Von Norbert Kohl, Frankfurt a. M., 1982

Tischgespräche, aus dem Englischen von Maria Mill, München, 2002

Über Oscar Wilde

Richard Ellmann, *Oscar Wilde, Eine Biographie*, aus dem Englischen von Hans Wolf, München, 1991

Merlin Holland, *Das Oscar-Wilde-Album. Bildbiogra-*

phie, aus dem Englischen von Ulrike Wasel und Klaus Timmermann, München, 1998

Merlin Holland, *Oscar Wilde im Kreuzverhör. Die erste vollständige Niederschrift des Queensberry-Prozesses*, aus dem Englischen von Henning Thies, München, 2003

Norbert Kohl, *Oscar Wilde. Im Spiegel des Jahrhunderts. Erinnerungen, Kommentare, Deutungen,* Frankfurt a. M., Leipzig, 2000

Norbert Kohl, *Oscar Wilde. Leben und Werk,* Frankfurt a. M., Leipzig, 2000

Der Autor

Geboren 1956 in Fribourg/Schweiz, Studium der Geschichte, Kunstgeschichte und Malerei in Fribourg und London; seit 1986 freischaffender Künstler mit mehr als 30 Ausstellungen in Europa, Nord- und Südamerika; seit 1993 Übersetzungen literarischer und kunstgeschichtlicher Texte; journalistische Arbeiten und Autor kunstwissenschaftlicher Bücher; lebt und arbeitet in London.

Bereits erschienen ...

Anekdoten von Fontane

Theodor Fontane (1819–1898), Erzähler, Pillendreher, Vater unehelicher Kinder, Balladendichter, Objekt der dänischen Geheimpolizei, märkischer Wandersmann, liebte seine Frau, das Historische, ein gemildertes Preußen, die Anekdote. Er wußte, »ohne ein gewisses Quantum von Mumpitz geht es nicht«. Doch Anekdoten, die von ihm selbst handeln, sind rar. Seine zeitgenössische Prominenz war bescheiden. Als er 1892 bei Gericht sein Testament hinterlegte, erkannte in ihm niemand den Dichter. Seine Altersweisheit und sein Humor sind vielfach in seinem literarischen Werk und auch in seinen Selbstzeugnissen und Briefen belegt. 100 Jahre nach seinem Tod hat sich Werner Liersch auf die Anekdotenspur seines Lebens in Texten von und über Fontane gemacht.

ISBN 3-359-01306-9

Rosa-Luxemburg-Str. 39, 10178 Berlin
Buchgestaltung: Matthias Gubig, unter Verwendung
eines Motivs von Henri de Toulouse-Lautrec
Druck und Bindung: Salzland Druck, Staßfurt

Die Bücher des Eulenspiegel Verlags
erscheinen in der Eulenspiegel Verlagsgruppe.

www.eulenspiegel-verlag.de